10대 키우기에 관한 **유진 피터슨**의 특별한 조언

거북한 십대, 거룩한 십대

믿음이란
한 알의 밀알이 땅에 떨어져 죽음으로 많은 열매를 맺음과 같이
진리의 열매를 위하여 스스로 죽는 것을 뜻합니다.
눈으로 볼 수는 없으나 영원히 살아 있는 진리와
목숨을 맞바꾸는 자들을 우리는 믿는 이라고 부릅니다.
「믿음의 글들」은 평생, 혹은 가장 귀한 순간에
진리를 위하여 죽거나 죽기를 결단하는
참 믿는 이들의, 참 믿는 이들을 위한, 참 믿음의 글들입니다.

거북한 십대, 거룩한 십대

유진 피터슨 지음 | 양혜원 옮김

목차

머리말　7

퇴화와 성장의 갈림길에서
❶ 청소년기는 선물입니다　11

선택과 결정에 대하여
❷ "내 마음대로 옷 좀 입게 내버려 두세요"　27

거부와 저항에 대하여
❸ "나 교회에 안 갈래요"　45

권위와 순종에 대하여
❹ "강요하지 마세요"　61

세대 차이에 대하여
❺ "어른들은 이해 못 해요"　77

신뢰와 불신에 대하여
❻ "왜 날 항상 못 믿으시는 거예요"　91

옛 사랑과 새 사랑에 대하여
    ❼ "날 사랑한다면, 허락해 주셨을 거예요"   105

도덕성의 눈뜸 앞에서
    ❽ "엄마 아빤 위선자예요."   119

목표의 혼란에 대하여
    ❾ "내가 뭘 하고 싶은지 모르겠어요."   133

독립-홀로서기의 요구에 대하여
    ❿ "오늘 밤에 차 써도 돼요?"   147

청소년기의 영성에 대하여
    ⓫ "나보고 이래라 저래라 하지 마세요."   163

위기의 사건에 대한 반응
    ⓬ "나를 절대 용서 안 하실 거예요."   183

맺음말   201
부록 '부모 모임'을 만들려면   207

머리말

"새벽 이슬 같은 주의 청년들이 주께 나오는도다."(시 110:3)

이 책을 쓰는 내내 이 시편 말씀이 머리 속을 떠나지 않았습니다. 이 직유는 여러 가지 생각의 파문을 불러일으킵니다. 자녀들의 "이슬 같은" 청소년기는 부모의 삶을 잠깐 차지했다가 지나가 버립니다. 이슬은 날이 점점 밝아지면서 흙이나 공기 같은 좀더 영구적인 실체에 동화되는 법이지요.

청소년이라고 해서 **반드시** 특별히 대해야 하는 것은 아닙니다. 모른 척하고 있으면 어느덧 어른이 되어 버릴 테니까요. 청소년기는 툭 튀어나온 화강암 같은 시기가 아니라 이슬 같은 시기입니다. 예컨대 젖먹이 아이 때처럼 부모가 돌봐 주어야만 하는 부분이 겉으로 드러나지 않습니다. 그러니까 자녀들의 청소년기를 무시하거나 회피하고서도 얼마든지 부모로서의 외양을 유지할 수 있는 것입니다.

또한 이슬은, 이를테면 비처럼 주된 기후 현상은 아닙니다. 이른 아침 햇살 아래 빛나는 모습이 아무리 매력적이라 해도, 그로 인해 꽃밭과 풀밭이 아무리 청량해 보인다 해도, 이슬은 다른 것들에게 꼭 필요한 필수적인 존재는 아닙니다.

이와 마찬가지로 자녀들의 청소년기가 부모의 위치를 결정짓는 것은 아닙니다. 우리 자녀들이 청소년기에 이를 때쯤이면 대부분의 핵심적인 일들은 이미 제자리를 잡고 있게 마련이지요. 우리 문화가 아무리 청소년기를 낭만적으로 만든다 해도, 청소년 자신들이 아무리 많은 관심을 끌려 한다 해도, 청소년기는 부모의 지위에 결정적인 요소는 아닙니다.

그러나 청소년기가 존재한다는 것만큼은 너무나 분명한 사실입니다. 청소년기는 때로는 매력적으로, 때로는 성가시게 지나가는 일시적인 기간입니다. 그러나 그것은 **분명히** 존재합니다. 마치 이슬처럼 말입니다.

이 시편 구절은 하나의 본문으로 취급할 수 있을 만큼 확실하지가 못합니다. 이 히브리어 원문은 의미가 모호하기로 유명합니다. "이슬 같은 청년"은 메시아의 청결한 젊음을 묘사하는 표현일까요(로날드 낙스는 "너는 내 아들이라. 샛별이 뜨기 전 이슬처럼 태어났도다"라고 번역했습니다)? 아니면 그 땅의 젊은이들을 사로잡는 메시아의 카리스마적인 매력을 일컫는 것일까요(TEV 성경은 "이른 아침의 이슬처럼, 당신을 향해 거룩한 언덕으로 나아오리라"고 번역했습니다)?

　이 구문의 여러 음영들을 이리저리 생각하다 보면, 몇 가지 암시적인 힌트를 얻을 수 있습니다. 이 시편에 나오는 빛과 그림자의 모호함은 아직 절반밖에 형성되지 않은 청소년들의 모호함에 걸맞습니다.

퇴화와 성장의 갈림길에서

❶ 청소년기는 선물입니다

청소년기 자녀라는 다소 거북한 포장에 싸인 이 선물을 통해,

하나님은 우리에게 성장하라고 도전하시고,

우리 사랑을 시험하시며, 우리 소망을 단련시키시고,

우리 믿음을 깊은 구렁에 빠지기 직전까지 밀어붙이십니다.

C. S. 루이스는 근심에 빠져 있는 어느 부모에게 이런 편지를 쓴 적이 있습니다. "산에서 10마일쯤 떨어져 있을 때만 그 산이 푸르게 보이는 것처럼, 가정도 그 사정을 잘 모를 때만 '평범해' 보이는 것 같습니다."[1]

자녀에게 청소년기의 징후가 나타나는 순간(이 때 부모는 마치 불시에 **침입당한** 듯한 기분이 듭니다), 그 가정은 더 이상 평범할 수가 없습니다. 그 순간은 선례(先例)나 사전 예고도 없이 아주 갑작스럽게 찾아오기 때문에, 부모들은 무언가 예외적인 사건이 집안에서 일어나고 있다고 생각하게 됩니다. 그러면 청소년기 자녀들이 거의 언제나 잘 적응하고 있는 듯이 보이는(적어도 다른 사람들 앞에서는) 다른 가정, 이를테면 '푸른 산' 가정을 부러움에 찬 눈길로 쳐다보게 되기 마련입니다.

그러나 '잘 적응하는 청소년기 아이들'이란 존재하지 않습니다. '청소년기'라는 말 자체가 '적응하지 못하는 시기'라는 뜻입니다. 그들이 적응하기까지에는 많은 노력이 필요하며 때로는 요란한 과정을 거쳐야 합니다.

겉으로는 그럭저럭 정돈된 모습을 유지하는 가정들도 있지만, 자세히 들여다보면 다채로우면서도 들쭉날쭉한 부분들—불쑥 튀어나온 바위, 세차게 흐르는 시냇물, 번개 맞아 부러진 나무들, 이끼 낀 목초지, 갑작스런 폭풍, 신기한 꽃, 수십 가지 질감의 나무껍질 같은 부분들—이 뒤죽박죽 섞여 있는 것을 보게 될 것입니다. 청소년기는 시종일관 다양하면서도 원기 왕성한 시기로서, 주위의 모든 사람들(특히 부모)을 그 야생적이고 놀라운 풍경으로 끌어들입니다.

또한 청소년기는 중년의 부모들에게 주시는 하나님의 선물입니다. 청소년기가 가지고 있는 이 '선물'의 차원이 바로 이 책에서 다루려는 주제입니다. 청소년기는 창조주께서 어린아이를 어른으로 성장시키기 위해 계획하신 과정일 뿐 아니라, 그에 못지않게 부모에게도 결정적으로 중요한 이 시기에 꼭 필요한 것을 주기 위해 계획하신 과정입니다. **그리스도인** 부모들은 하나님께서 이토록 지혜롭게 베풀어 주시는 이 선물을 알아보고 감사하며 받아들이기에 가장 좋은 위치에 있는 사람들입니다.

"자녀는 하나님의 선물"이라는 말을 들을 때 떠오르는 이미지는, 목에서 골골 소리를 내는 꼭 안아 주고 싶도록 귀여운 아기와 말끔하게 씻겨 놓은 사내아이, 즐거운 놀이를 하는 여자아이들의 모습입니다. 부루퉁한 청소년기 아이들, 방문을 쾅 닫고 들어가 버리는 열다섯 살짜리 딸이나 반항적으로 따지고 덤비는 열여섯 살짜리 아들은 생각도 나지 않습니다.

아기들이 하나님의 선물이라는 것은 분명합니다. 하나님은 아기들을 통해 우리의 삶에서 기적을 느끼게 하시고, 경이감에 빠지게 하시며, 가치에 대한 신념을 가지게 하시고, 책임질 준비를 하게 하십니다. 성인기 초기는 **우리가** 모든 것을 통제하고 있으며 세상은 우리의 생계를 책임질 의무가 있고 우리가 받은 교육과 훈련 덕분에 이제는 어느 정도 환경을 관리할 수 있다고 생각하기 가장 쉬운 때입니다. 바로 그 때, 하나님은 우리에게 자녀를 주심으로써 우리가 피조물이며 하나님의 **자녀**라는 사실을 다시금 인식하게 하시고, 하나님의 나라에 들어갈 수 있는 전제 조건을 새로이 하게 하십니다(마 18:1-3).

갓 태어난 아기 앞에서도 창조자이자 지배자요 구원자 행세를 할 수 있는 사람은 완악한 사람들밖에 없을 것입니다. 적어도 아기를 막 품에 안은 그 짧은 순간만큼은, 우리의 체험을 생물학적인 설명이나 성교육용 도표 몇 개로 축소시킬 수가 없습니다. 생명이라는 그 단순한 현실은 우리가 공작(工作)하거나 통제하거나 설명할 수 있는 모든 것을 훌쩍 뛰어넘어 버립니다. 그리고 우리는 우리 자신 또한 피조물—만드는 자도, 관리하는 자도, 어머니도, 아버지도 아닌 하나님의 **자녀**—이라는 사실을 깨닫습니다.

우리는 유아기의 여러 모습들을 통해 세상을 이해하며 에덴을 다시 경험합니다. 또한 가장 기본이 되는 현실을 발견합니다. 돌보고 양육하며 반응하는 일의 의미를 알게 되는 것입니다. 만지고 듣고 보는 즐거움이 하루를 가득 채웁니다. 하나님이 무엇을 창조하셨으며 어떻게 사랑하셨는지가 보입니다. 그 섭리의 계획과 영광이 보입니다. 예수님은 우리가 어린아이같이 될 때 그분을 영접할 수 있으며 하나님 나라에 들어갈 수 있다고 하셨습니다. 아기는 '어린아이 같다' 는 것이 과연 어떤 것인지, 그 다양한 형태에 새로이 다가가게 해 줍니다.

아기의 경우처럼 명백하게 드러나진 않지만, 청소년기 자녀들 역시 하나님의 선물입니다. 젊은 성인에게 아기가 하나님의 선물인 것처럼, 청소년기 자녀는 중년의 성인에게 주시는 하나님의 선물입니다. 청소년기 자녀는 우리가 중년이 되었을 때 우리 인생 속에 '탄생' 합니다.

중년기에는 침체되거나 우울해지기 쉽습니다. 인생의 경이감은 진부해지고 인생의 정수(精髓)는 말라 버립니다. 많은 이들이 실망감에 빠집니다. 젊었을 때 솟아오르던 힘도 우리를 대단하게 만들어 주지는 못했습니다. 실패와 실망스러운 일들이 점점 쌓여 갑니다. 겉으로는 성공한 경우라도 속으로는 메마르고 텅 빈 것 같은 느낌이 들고 희망은 다 시들어 버린 것만 같습니다. 젊은 시절의 이상과 기대가 피곤하게 느껴집니다.

　　내가 미처 내다보지 못했던 건
　　하루하루 가 버리는 날들이
　　의지를 허물고

빛을 흘려 버린다는 것이었다.[2]

— 스티븐 스펜더

그 때 하나님의 선물이 찾아옵니다. 청소년기 자녀라는 다소 거북한 포장에 싸인 이 선물을 통해, 하나님은 우리에게 성장하라고 도전하시고, 우리 사랑을 시험하시며, 우리 소망을 단련시키시고, 우리 믿음을 깊은 구렁에 빠지기 직전까지 밀어붙이십니다. 이 선물은 딱 알맞은 때 주어집니다. 너무나 익숙하고 식상했던 모든 현실이 갑자기 새로운 형태로 나타나 우리의 반응과 동참을 요청해 오기 시작합니다.

어떤 사람에게든지 가장 중요한 성장은 그리스도 안에서의 성장입니다. 다른 모든 성장은 이 성장을 준비해 주거나 돕는 것일 뿐입니다. 생물학적 성장과 사회적 성장, 정신적 성장, 정서적 성장은 모두 그리스도 안에서의 성장에 기여하게 되어 있습니다. 인간의 임무는 내면적으로 성숙해질 뿐 아니라, 하나님과 다른 사람과의 관계에서도 성숙해지는 것입니다.

다음의 세 말씀은 그러한 임무에 초점을 맞추고 있습니다.

"아이(요한)가 자라며 심령이 강하여지며 이스라엘에게 나타나는 날까지 빈들에 있으니라."(눅 1:80)

"예수는 그 지혜와 그 키가 자라가며 하나님과 사람에게 더 사랑스러워 가시더라."(눅 2:52)

"우리가 다 하나님의 아들을 믿는 것과 아는 일에 하나가 되어 온전한 사람을 이루어 그리스도의 장성한 분량이 충만한 데까지 이르니니 이는 우리가 이제부터 어린아이가 되지 아니하여……."
(엡 4:13, 14상)

    요한도 성장했고 예수님도 성장했습니다. 그리고 우리도 성장합니다. 사도 바울의 권면은 "범사에 그에게까지 자랄지라. 그는 머리니 곧 그리스도라"(엡 4:15)는 말씀으로 요약될 수 있습니다. 모든 성장은 그리스도에게까지 자라는 것으로 집결됩니다. 그리스도 안에서의 성장은 모든 성장의 중심이자 모범입니다.

    청소년기 자녀들이 성인으로 성장해 가는 과정은 유난히도 생생해서, 부모들이 그 과정에 휘말리지 않을래야 않을 도리가 없습니다. 십대 청소년을 자녀로 둔 부모라면 누구나 이 살아 있는 실험실—성장에 대한 자료를 모으고, 그 자료들을 개인적으로 실험해 보고, 믿음의 행동으로 그 과정을 다시 경험함으로써 하나님께 영광을 돌리는 실험실—을 선물로 받습니다.

    물론 부모들이 항상 이런 식으로 생각하는 것은 아닙니다. 우리는 부모들이 내뱉는 불평을 심심찮게 들을 수 있습니다. 많은 이들이 전문가들의 의견에 기대어, 청소년기는 저절로 해결되는 것으로서 7, 8년 후면 지나가리라는 입장을 냉정하게 고수합니다. 그런 사람들은 이 선물을 끌러 보지도 않고, 실험실에 들어가지도 않습니다.

    그러나 자녀의 청소년기는 분명한 선물, 그것도 하나님이 주신 선물로서, 불평하거나 냉정하게 저항함으로써 헛되이 낭비할 수 없습니다. 경건하게 사고하며 신실하게 살았던 그리스도인들이 수세기에 걸쳐 형성해 온 강한 신념 하나는, 우리 몸과 이 세상에 주어진 모든 것이 '거룩'의 원재료라는 것입니다. 자연에 속한 것은 은혜, 오직 은혜로만 성숙에 도달할 수 있습니다. 자연에 속한 그 어느 것도(우리의 근육과 감정에 속한 그 어느 것도, 우리가 사는 곳과 우리의 유전자에 속한 그 어느 것도) 이러한 은혜의 활동에서 제외될 수 없습니다. 청소년기도 마찬가지입니다.

나는 이 책을 통해, 청소년기를 해결해야 할 '문제'로 축소시켜 접근하려는 그 어떤 시도도 막는 동시에, 청소년기야말로 아이들뿐 아니라 중년의 부모들 역시 성장을 위해 함께해야 할 경험임을 강조하고자 합니다. 물론 차이점은 있습니다. 청소년들은 이 시기를 생물학적인 이유 때문에 어쩔 수 없이 거쳐야 하지만, 부모들은 믿음으로 기꺼이 받아들일 수도 있고 불신앙으로 고집스럽게 거부할 수도 있습니다. 또한 부모는 자로 잴 수 있는 어느 지점까지 자라면 되는 것이 아니라 "그리스도의 장성한 분량이 충만한 데까지" 자라야 합니다.

나는 부모와 목회자의 입장에서 이 글을 쓰고 있습니다. 나는 부모로서 청소년기를 세 번 겪었고, 목회자로서는 수십 번 경험했습니다. 물론 처음부터 청소년기가 선물이라는 확신을 가졌던 것은 아닙니다. 그것은 습득된 확신입니다. 그러나 그 확신은 새로운 만남이 있을 때마다 매번 더 깊어지고 있습니다. 그 확신을 의심하면서 시험해 볼 때도 많지만, 그럼에도 그 확신은 흔들리지 않습니다.

나는 어떻게 하면 부모들이 되도록 당황하거나 불편해하지 않으면서 청소년기 자녀들을 지도할 수 있는지 가르치려고 이 글을 쓰는 것이 아닙니다. 내가 이 글을 쓰는 것은 부모가 청소년 자녀들 때문에 겪는 경험을 하나님의 선물로 받아들이며, "지혜가 자라가고 하나님과 사람에게 사랑스러워"지도록 자신을 성숙시키는 은혜의 수단으로 받아들이도록 격려하기 위해서입니다.

청소년기가 선물이라고 해서, 우리가 청소년기를 제대로 바라보기만 하면 그와 관련된 모든 사람에게 큰 즐거움이 되리라는 뜻은 아닙니다. '은혜'는 고통과 혼란을 제외하고 있지 않습니다. 오히려 성경은 거의 언제나 고통과 혼란이 포함된다는 것을 보여 주고 있습니다. 그러나 하나님이 정하신 은혜의 수단들은, 그 겉모습이나 그 당시 우리의 감정과 상관 없이 하나님이 의도하신 목적지로 우리를 이끌어 갑니다. 그 목적지는 바로 "그리스도의 장성한 분량이 충만한 데"입니다.

성장에 비하면 출생은 쉬운 일입니다. 몇 달 간의 불편과 몇 시간 동안의 진통 끝에 이루어지는 출생은 온통 희열로 가득 찬 사건입니다. 비록 그 후에 따르는 일은 엄청나게 많지만 말입니다. 새 생명의 완벽한 경이로움, 정교한 아름다움을 가진 육체의 놀라움, 애정을 불러일으키는 즐거운 일들—이 모든 것이 부모에게는 비할 바 없는 기쁨입니다. 그러나 성장은 어려운 일입니다. 그것은 끝도 없이 질질 끄는 일인 것만 같습니다. 게다가 자녀가 청소년기가 되면서 성장은 당황스러울 정도로 복잡해집니다.

청소년기 이전의 자녀를 키울 때에는 거의 전적으로 부모가 자녀를 통제하는 데 익숙해져 있습니다. 부모는 자녀보다 힘도 세고 지혜롭습니다. 이러한 힘과 지혜는 아이의 생존에 필수적입니다. 어린아이는 부모의 도움을 필요로 하며, 이의를 제기하는 경우가 거의 없습니다. 그래서 대개는 부모의 육체적인 보호와 지적인 인도, 정서적인 따스함을 감사하게 받아들입니다.

그러나 청소년기가 되면 갑자기 새로운 요소들이 등장합니다. 유년기 내내 잘 굴러가던 공급과 수요의 안정적인 균형이 혼란에 빠지면서, 시장이 완전히 뒤엉켜 버리는 것입니다. 이 때는 부모가 지금까지 해 오던 일을 더 열심히 한다고 해서 상황을 개선시킬 수 없습니다. 유년기에 통했던 힘과 지혜가 더 이상 효력을 발휘하지 못합니다. 이제는 힘을 나누어 주는 새로운 방법, 통찰력을 전달하는 새로운 방법이 필요합니다.

청소년 자녀에게 부모의 역할을 제대로 하려면 새로운 기술들 (skills)을 계발해야 합니다. 그러나 그 기술들은 한목에 손쉽게 구입할 수 있는 기성품이 아닙니다. 그것은 인간이 되는 기술로서, 오직 같은 믿음과 같은 임무를 가지고 있는 사람들의 공동체 안에서만 계발될 수 있습니다. 함께 예배드리는 교회는 이러한 공동체를 제공해 줍니다.[3]

프랑스어에는 '데포르마시옹 프로페시오넬'(deformation professionelle, '잘못 변형된 직업적 습관'이라는 뜻으로 직업 속에서 나타나는 사고 방식과 행동 양식이 일상생활에 잘못 적용되는 경우를 일컫는 관용적 표현 - 옮긴이)이라는 말이 있는데, 이것은 예컨대 의사, 변호사, 목회자의 역할에 내재하는 바, 좋지 못한 직업병을 일으키는 성향을 일컫는 말입니다.

중년의 그리스도인들에게 생기기 쉬운 **'잘못 변형된 습관'**이 있다면, 그것은 자신이 생물학적으로 이미 다 성장했으며 교육 과정을 마치고 직업을 가짐으로써 그것을 입증했기 때문에 더 이상 성장할 필요가 없다고 생각하는 것입니다. 그들은 개인적인 성장의 사각지대를 만들어 버립니다.

어른이 되기 위해서는 반드시 성장이라는 과정을 거쳐야만 합니다. 그래서 어른들은 "제발 좀 빨리 자라라!"고 말합니다. 성장은 어린아이에게는 즐거움이요 청소년에게는 고통이지만, 중년의 어른에게는 부자연스러운 것입니다. 이것이 바로 그리스도인의 제자도에 치명적인 사각지대입니다.

그런데 청소년은 다양한 방법으로 개인 관계에 도전하고 그것을 시험함으로써, 그들의 부모를 성장에 눈뜨게 합니다. 하나님과의 관계는 본질적으로 성장을 중심에 두고 있습니다. 성경은 하나님과 함께 사는 우리의 삶을 묘사하면서 '성장'이라는 은유법을 계속 반복해서 사용하고 있습니다. '그리스도 안에서 성장'하지 않아도 되는 영역은 한 군데도 없습니다.

청소년들은 무엇보다도 '성장'하고 있습니다. 그러나 조용하게 성장하지는 않습니다. 그들은 자기 방에 들어앉아 격리된 채 성장하는 것도 아니고, 또래들 틈에서 안전하게 있을 때에만 성장하는 것도 아닙니다. 그들의 성장은 무질서하게, 사방으로 뻗쳐 나옵니다. 이처럼 청소년들은 원기 왕성하게 성장의 모형을 만들고 지속적으로 성장을 자극한다는 점에서, 성장이 멈추어 버릴 위험에 처한 부모들에게 하나님의 선물이 되는 것입니다.

물론 부모들은 이러한 사실에 직면하고서도 성장하기를 거부하고 이렇게 말할 수 있습니다.

"나는 이미 다 자랐어. 나는 인간이 된다는 것이 뭔지, 그리스도인이 되고 시민이 되고 남자가 되고 여자가 된다는 것이 뭔지를 알아. 그러니까 네 성장은 내가 전부 맡아 주마. 내가 지침도 마련하고, 규칙도 만들고, 네 진로도 결정해 주지!"

선의의 발로이든 독재적 횡포이든 간에 이것은 자녀와 자신을 분리시키는 태도입니다. 이런 부모들은 성장의 과정에서 자신은 제외한 채 자녀들의 성장만 통솔하려고 하거나, 다음과 같은 말로써 스스로 더 성장할 수 있는 자격을 내던져 버립니다.

"난 내 성장기를 형편없이 망쳐 버린 사람이야. 그래서 너한테는 관여하지 않으려는 거다. 난 벌써 오래 전에 인생을 포기했다. 나는 그리스도인으로서도 별볼일없고 인간으로서도 마찬가지야. 물론 너를 위해 할 수 있는 일이 있다면 힘껏 해 주고 도울 수 있는 일이 있다면 돕겠다만, 내가 성장하기를 기대하지는 말아라."

이러한 태도가 아주 겸손해 보일 수도 있지만, 사실 이것은 절망에 굴복하는 것이며 그리스도 안에서 성숙한 사람이 될 수 있는 또 한 번의 기회를 저버리는 것입니다.

내가 생각하기에는 청소년 자녀를 둔 부모들이 최선의 모습을 보여 줄 때는 옳은 일을 하거나 옳은 말을 할 때가 아니라, 믿음으로 성장의 과정에 뛰어들 때입니다. 물론 그것은 청소년기에 겪은 것과는 다른 차원의 성장이지만, 그 또한 성장임에는 틀림없습니다.

19세기 영국의 저명한 신학자이자 성직자였던 헨리 뉴먼은 이렇게 썼습니다. "더 높은 세상에서는 그렇지 않지만, 여기 아래에서 산다는 것은 변화하는 것이며, 완전하다는 것은 자주 변화했다는 것이다."[4]

이것은 교리의 발전을 두고 한 말이지만, 부모들의 성장에도 잘 들어맞는 말입니다. 부모가 자녀의 청소년기를 하나님의 선물로 받아들일 때, 밝고 새로운 소망의 영역들이 열리고 신선한 사랑의 힘이 쏟아져 나오며 생기 넘치는 믿음의 파도가 솟아오릅니다.

기독교 신앙에 따라 자녀들과의 관계를 잘 이끌어 가는 부모들을 관찰해 보면, 그 실천 방식이 아주 다양하다는 것을 금방 알 수 있습니다. 특정 규칙이나 훈육의 기술, 엄격함과 관용의 조절방식은 그야말로 가지각색입니다. 그러나 한 가지 두드러지는 특징이 있는데, 그것은 이 부모들이 진지하고 정직하며 즐겁게 그리스도의 길을 따른다는 것입니다. 이들은 청소년기를 문제로 규정하지 않으며 따라서 그것을 해결하려 들지 않습니다. 이들은 그리스도인의 격렬한 성장 과정에 직접 참여하며, 자신이 성장하는 모습을 자녀들이 엿볼 수 있게 해 줍니다. 그런 가정은 믿음을 배우기에 매우 유용한, 어쩌면 가장 유용한 공간이 됩니다.

미국의 소설가이자 극작가였던 손튼 와일더는 그의 작품에서 이렇게 썼습니다.

가정생활은 마치 가장 성능 좋은 음향기기가 갖추어진 홀과 같다. 자라나는 아이들은 부모가 입으로 하는 말을 들을 뿐 아니라(대개의 경우 아이들은 그 말을 점차 무시하게 된다), 그 말에 담긴 의도, 즉 그 이면의 태도도 듣는다. 무엇보다 아이들은 부모가 무엇을 **정말** 중시하며 무엇을 **정말** 경시하는지를 알게 된다.[5]

옛날의 도제(徒弟) 제도를 가정생활에 적용해서 생각하면 되겠습니다. 어린 도제는 몇 년 동안 스승과 아주 가까이 지내면서 함께 훈련하고 기술을 습득하며 일을 논의합니다. 그 과정에서 도제는 스승의 최고의 모습과 최악의 모습을 다 보게 됩니다. 온갖 실수와 그 실수에 대처하는 방식을 보고 있는 도제 앞에서 스승의 약점은 그대로 노출될 수밖에 없습니다. 스승인 장인(匠人)은 뛰어난 교육심리학자가 아닐뿐더러 완벽한 사람은 더더욱 아니지만, 적어도 자기 일만큼은 능숙하게 해야 합니다.

부모도 마찬가지입니다. 부모가 심리학의 전문가일 필요도 없고 청소년의 정서에 관한 최신 책들을 다 찾아 읽을 필요도 없지만, 적어도 자기 일, 즉 그리스도 안에서 성장하는 일만큼은 진지하게 받아들여야 합니다. 그리하여 부모는 자신이 그렇게 성장하는 모습을 청소년 자녀들에게 공개적으로 보여 줌으로써, 그들이 관심과 믿음 안에서 관찰하고 모방하며 실수할 수 있게 해 주어야 합니다.

다시 말해서 부모의 임무는 청소년 자녀의 문제에 직접 맞부딪쳐서 그에 대한 가장 좋은 해결책을 찾아내는 것이 아니라, 삶과 대면하며 삶 속에 계신 그리스도와 대면하는 것이고, 삶의 문제들을 다루는 것입니다. 부모가 해야 할 주된 일은 부모가 되는 것이 아니라 '사람'이 되는 것입니다.

좋은 부모로 만들어 주는 무슨 기술이 있어서 그것만 정복하면 되는 것이 아닙니다. 정답을 알려 주는 무슨 책이 있어서 그것만 읽으면 되는 것도 아닙니다. 부모의 주된 임무는 '어른이 된다는 것은 충만하고 생생하면서도 그리스도인답게 되는 것'임을 삶으로 보여 주는 가운데, 자신의 약점을 숨김없이 노출시키는 것입니다.

청소년은 어른이 된다는 것의 의미를 생각하게 만드는 의논거리를 매일 제공해 주며, 그 과정이 원래부터 가지고 있는 역동성과 어려움을 보여 줍니다. 그 의논거리는 부모 자신의 유치한 성향과, 책임지기 싫어하는 마음, 어른답게 행동하기보다는 아이처럼 굴고 싶어하는 변덕스러움, 어른의 필요조건은 갖추지 않은 채 특권만을 요구하는 모습을 폭로합니다.

그 의논거리는 성장으로 안내하는 지도(地圖)가 됩니다. 부모는 매일 그 지도에 나타나는 자신의 모습을 보면서, 생물학적 정서적 삶의 모형들을 얻습니다. 사도 바울은 바로 이런 믿음의 성장에 도달하기 위해서는 그리스도께서 우리를 위해, 우리 안에 살면서 보여 주신 그 삶의 모형을 따르라고 권면하고 있는 것입니다.

선택과 결정에 대하여

❷ 내 마음대로
옷 좀 입게 내버려 두세요

청소년기가 되면 아이들은 결정을 내릴 때 자신의 의견도 존중해 달라는 요구를 더 많이 하게 됩니다. 그들은 독립적으로 선택을 해야만 하고 그 선택에 따라 책임 있게 살아가야 하는 성인기에 가까이 와 있기 때문에, 이제 그러한 삶을 시작하고 싶어합니다.

청소년기는 자기 자신이 **되어 가는** 시기입니다. 유년기에 경험하고 훈련받은 것들은 청소년기에 이르러 재형성되고 개별화됨으로써 한 개인의 정체성을 이루게 됩니다. 부모는 이 과정에서 자신이 바라는 만큼 통제력을 발휘할 수 없게 되고, 이제 통제력을 잃어버렸다는 사실 때문에 불안을 느낍니다. 그러나 청소년기는 불행한 사건이 아니라 건강한 성장의 과정이므로, 그리스도인은 충분한 희망을 가지고 이 시기에 다가갈 수 있습니다.

청소년들은 거의 모든 시간을 자신이 누구인지를 발견하는 데 보냅니다. 그렇기 때문에 그렇게 오랜 시간을 거울 앞에서 보내는지도 모릅니다. 자기 자신을 정의하는 과정은 밤낮을 가리지 않고 계속됩니다. 그것은 다루기 힘든 고통으로 가득 찬 과정입니다.

"내 마음대로 옷 좀 입게 내버려 두세요" 29

> 남자가 되어 가는 소년의
> 고뇌;
> 자신의 서투름을 마주하게 된
> 완성되지 못한 그 남자, 그리고 그의 고통.[6]
>
> — W. B. 예이츠

유년기 동안에 부모는 자녀가 자유의지를 행사하는 일에 엄격한 제한을 둡니다. 아이들은 자기 마음대로 장난감 블럭을 쌓을 수는 있지만, 자기 마음대로 가구를 배치할 수는 없습니다. 학교에 갈 때 파란색 셔츠를 입을지 빨간색 셔츠를 입을지는 선택할 수 있지만, 학교에 가야 할지 말아야 할지는 선택할 수 없습니다. 생사가 걸린 중요한 문제들은 아이들의 자유의지 바깥에 있습니다. 아이들 자신의 미래나 공동체의 평안에 영향을 미치는 결정을 내려야 할 때 아이들에게는 선택권이 주어지지 않습니다.

그러나 청소년기가 되면, 결정을 내릴 때 자신의 의견도 존중해 달라는 아이들의 요구가 갈수록 거세집니다. 그들의 육체는 성적(性的)으로 성숙해지고, 정신은 지적으로 명민해지며, 감정은 예민해지고 다양해집니다. 그들은 독립적으로 **선택해야만** 하고 그 선택에 따라 책임 있게 살아야 하는 성인기에 가까이 와 있기 때문에, 실제로 그러한 삶을 시작하고 싶어합니다.

청소년기의 임무는 결정하는 법을 배우는 일과 그 결정의 결과에 익숙해지는 일입니다. 그렇기 때문에 그 결정은 부모의 결정이 될 수는 없습니다. 그 결정은 부모의 결정과는 달라야 하고, 연관이 없어야 하며, 때로는 반대되기도 해야 합니다.

그들이 책임감 있게 결정하는 능력을 계발하게 됨에 따라, 그 결정들은 그들 자신의 정체성을 형성하는 순수한 재료가 됩니다. "나는 이런 생활 방식을 선택할 자유가 있어"라고 말하는 청소년은, "이런 선택을 한 사람은 바로 나야"라고 말할 수 있게 됩니다.

정체성은 결정의 산물입니다. 청소년들은 각자 자기 자신만의 독특한 인생을 빚어 내는 결정을 합니다. 그들은 결정의 주체가 됩니다. 이처럼 선택하는 능력을 키워 감에 따라, 그들은 자기가 다른 어느 누구도 아닌 바로 '나 자신'이라는 확신을 쌓아 가게 됩니다.

청소년기 초기에는 자기 정체성이 상당히 모호합니다. 그들은 어떤 영웅에게서 얻은 정체성을 자신에게 투사(投射)하거나, 자기 스스로 어떤 그룹에 동화됨으로써 이러한 사실을 숨기려고 합니다. 어딜 가나 똑같은 청소년들의 옷차림과 언어는 그들의 보호막입니다. 그러나 그들이 성숙해지고 결정을 내리는 기술을 터득하게 되면서부터는, 서서히 자기 자신의 개별성을 깨닫게 될 것이고, 각자 "이게 바로 나야"라고 말할 수 있게 될 것입니다.

좀더 어린 청소년들은 겉모습이나 말하는 것이 다 똑같아 보입니다. 그러나 점점 성숙해지면서 자신을 '남과 달라 보이게 하기'를 좀더 잘 할 수 있게 됩니다. 그렇게 할 수 없다면 그들은 청소년기의 임무를 완수하는 데 실패한 것입니다.

그 과정은 순탄하지 않습니다. 아이들은 때로 비틀거리기도 하고 흔들리기도 합니다. 성큼성큼 내딛는 활기찬 걸음과 부루퉁하니 어깨를 늘어뜨린 힘없는 걸음이 기이하게 교차됩니다. 아이들은 미숙하나마 신중하게 모험을 강행하기도 합니다.

그들은 종종 자기 모습이 아닌 다른 모습을 보여 줌으로써 자기 자신을 정의하는 연습을 합니다. 예를 들어, 자신은 부모가 말하는 그런 사람이 아니라는 것입니다. 그 증거로 그들은 부모가 골라 주는 머리 모양이나 옷차림과 아주 다르게 꾸미고 차려 입습니다. 때로는 그런 자기 주장이 격렬해질 때도 있습니다. 부모가 그 주장을 받아들여 주지 않으면 강하게 반발합니다.

"내 마음대로 옷 좀 입게 내버려 두세요!"

부모가 이러한 갈등을 그대로 방치할 경우, 아이는 부모가 자기 내면의 좀더 깊은 발전에는 관심이 없고 오직 '다른 사람이 보면 어떻게 생각할 것이며 무슨 말을 할까'에만 관심이 있다고 결론 내리게 될 것입니다. 그렇게 되면 아이들은 정말로 불만을 품게 됩니다. 청소년은 부모에게 좀더 많은 것을 기대할 수 있어야 합니다.

사무엘상 3장은 바로 이러한 성장의 측면에 대해 이야기하고 있습니다. 이 본문은 자녀가 거치는 과정을 이해하기에 유용한 통찰력을 주며, 그러한 과정을 깊이 존중하도록 부모를 격려합니다. 이 본문이 특별히 유용한 이유는, 신학적인 배경 속에서 청소년의 체험을 기록하고 있기 때문입니다. 이 본문에는 인간의 체험과 영적인 실체 모두가 설명되어 있습니다. 바로 그것이 이 짧은 이야기가 귀중한 이유입니다.

'어른이 된다는 것'의 의미를 부모들에게 기꺼이 말해 줄 심리학자나 사회학자, 민족학자, 인류학자들은 얼마든지 있습니다. 그들의 글은 좋은 정보로 가득 차 있고 때로는 빛나는 통찰력을 보여 주기도 합니다. 그러나 그런 책들은 정작 그리스도인 부모들에게 가장 중요한 문제는 다루지 않습니다. 그것은 바로 하나님의 약속과 부르심입니다.

뛰어난 신학자라면 인간의 본성을 철저히 알아야 할 뿐 아니라 하나님의 본성과 활동에 대해 말할 때 끊임없이 인간의 본성과 연결지어서 다루어야 합니다. 사무엘상 3장을 쓴 사람은 특별히 뛰어난 신학자였습니다. 어린 사무엘이 성전에서 겪었던 사건은, 하나님의 계시라는 정황 속에서 정체성을 형성해 가는 청소년의 중요한 체험을 보여 줍니다.

사무엘의 부모 엘가나와 한나는 감사하는 마음으로 어린 그를 성전에 맡겼습니다. 사무엘은 제사장 엘리 밑에서 유년기를 보냈습니다. 엘리는 사무엘에게 일종의 양아버지 역할을 한 것으로 보입니다.

사무엘은 성전생활에 매우 잘 적응했고 엘리를 도우며 심부름을 하는 일에도 익숙했던 것 같습니다. 우리는 이런 사무엘을 보면서 '부모의 손에 하나님께 바쳐져서 종교적인 환경에서 성장했으며, 주어진 상황을 불평 없이 잘 받아들인 꽤 전형적인 아이'로 생각할 수 있습니다.

한밤중에 누군가 자기 이름을 부르는 소리를 처음 들었을 때, 사무엘은 어린 시절 내내 익숙하게 들었던 엘리의 목소리—명령하고 인도하고 지시하는 목소리—일 것이라고 생각했습니다. 그래서

"내 마음대로 옷 좀 입게 내버려 두세요" 33

늘 하던 대로 그 소리에 응답했습니다. 그러나 그 응답은 효력이 없었습니다. 그 목소리와 자신의 습관적인 응답 사이에는 아무런 연관이 없었던 것입니다. 사무엘의 대답은 아무런 의사 소통도, 어떤 의미도 만들어 내지 못했습니다.

그러자 엘리는, 그 목소리에 대해 아버지의 부름에 대답하듯이 하지 말고 하나님의 부르심에 대답하듯이 하라고 일러 주었습니다. 그는 청소년기에 어떤 일이 일어나는지 어느 정도 알고 있었고, 이 이야기에서 부모와 제사장이라는 이중의 역할을 하고 있었습니다. 그는 사무엘이 자기 스스로 하나님께 응답할 준비가 된 인생의 시점에 도달했다는 사실을 감지했습니다.

사무엘의 삶은 더 이상 성전의 일과나 부모의 인도에 통제받지 않게 되었습니다. 더 이상 부모의 헌신이나 '종교'의 인도에 따라 움직이지 않게 되었습니다. 그에게는 살아 계신 하나님의 개인적이고 직접적인 목소리가 들리고 있었습니다. 그 목소리는 부모나 제사장이 대신 묵상해 줄 수 있는 것이 아니었습니다. 그것은 사무엘 자신이 직접 들은 것이었습니다.

이 이야기의 핵심은 "사무엘아! 사무엘아!" 하며 개인의 이름을 강조해서 부르는 장면에 있습니다. 이것은 청소년기에 대해 우리가 알아야 할 것을 거의 다 말해 주는 사건입니다. 이것은 한 개인의 의미와 정체성이 새로운 단계로 올라섰다는 것, 즉 그것이 명확하게 규정되고 강조되었다는 사실을 보여 줍니다.

이름은 가장 개인적인 형태의 호칭입니다. 이름을 부르면 대답이 나오게 되어 있습니다. 이름은 우리를 부를 수 있고 우리에 대해 말할 수 있는 가장 개인적인 단어입니다. '이름 짓기'의 문법에 대해 뛰어난 통찰력을 제공해 준 유진 로젠스톡-휴이시는 다음과 같이 썼습니다.

> 이름은 사람이나 물건이나 가치에 대해 말하는 화법이 아니라, 사람이나 물건이나 가치를 **향해** 말하는 화법이다. 이름은 사람을 응답하게 만드는 정확한 호칭이다. 언어의 원래 의미는 사람을 응답하게 만드는 데 사용될 수 있다는, 바로 이 점에 있다.[7]

청소년기는 고정되어 있는 범주가 절대 아닙니다. 그것은 행동이 잘 이해되지 않는 사람들을 다 몰아넣을 수 있는 분류함이 아닙니다. 청소년기를 '누구나 거쳐가는 단계' 정도로 과소평가해서는 결코 안 됩니다. 물론 보편성을 강조할 수도 있겠지만, 중요한 것은 언제나 세밀하며 개인적인 데 있습니다. 그것은 이름을 기억해 주는 것입니다. 아이들 대부분이 튀는 행동을 통해 어른들에게 알리고자 하는 점은, 자기들이 '유별난 존재'가 아니라 '구별되는 존재'가 되고 싶다는 것입니다.

아이들은 남들이 자기를 한 개인으로서 알아봐 주기를 바랍니다. 어느 계층의 견본이나 청소년의 한 사례로서가 아니라, 이름을 가진 개인으로서 주목해 주기를 저마다 바라는 것입니다. 이름은 내가 다른 누군가가 아닌 '바로 이 사람'이라는 인식을 심어 줍니다. 나의 존재는 부모나 성직자나 교사들이 설명해 줄 수 있는 것이 아닙니다. 그것은 독자적인 것입니다.

이처럼 이름을 불러 주는 것은 청소년기의 핵심을 이루는 일이지만, 이름을 **듣기만 한다면** 절반의 의미밖에 얻지 못할 것입니다. 나머지 절반의 의미는, 사무엘이 자신의 이름을 불러 준 분이 바로 **하나님**이라는 사실을 깨달았다는 데 있습니다.

사무엘의 유년기는 하나님의 부르심이라는 후원 속에 성인기로 피어났습니다. 사무엘은 자신의 이름을 불러 준 존재가 하나님이라는 사실을 깨달았을 때, 비로소 '사무엘'이라는 이름의 온전한 의미를 발견했습니다. 즉 자신은 엘가나와 한나의 아들이나 엘리의 피후견인이 아니라, 하나님이 그 이름을 불러 주시는 존재라는 것을 알게 된 것입니다.

이 점은 그리스도인들에게 하나의 창(窓)을 열어 줍니다. 우리는 그 창을 통해 청소년의 성장에 가장 중요한 실재는 하나님과의 관계라는 사실을 보게 됩니다. 그 성장의 중심에 있는 것은 청소년들의 성(性)이나 지성이나 사회적 관계나 감정이 아닙니다. 거기에는 하나님이 계십니다.

청소년기는 이 세상 너머의 것과 우주 속에 존재한다는 것, 영원의 한 시점을 산다는 것, 궁극적인 것들에 직면한다는 것, 영적 실재와 도덕적 의미가 있는 세상에 산다는 것에 대해 인식하게 되는 시기입니다. 아이들은 자신의 개인적인 정체성을 발견하는 동시에 이러한 현실들을 의식하게 됩니다. 그들은 자기 이름의 온전한 의미에 대한 응답으로서 자기 정체성에 맞게 선택하는 법을 배우는 가운데, 자기를 알아봐 주고 자기 이름을 불러 주신 하나님께 응답합니다.

청소년들은 이것을 통해 실제로 '선택의 교리'(doctrine of election)를 직접 체험하게 됩니다. 신학자들이 이 교리를 이해하는 관점은 각기 다르지만, 적어도 하나님이 **선택하신다**는 것, 즉 하나님이 자유롭게 결정을 내리시며 그 결정대로 인간에게 행하신다는 인식에서 이 교리가 나왔다는 데에는 모두 동의하고 있습니다. 따라서 선택은 하나님께서 무엇인가를 자유롭게 결정하시며, 그 결정은 중요한(그리고 영원한) 변화를 가져온다는 것을 의미합니다.

사무엘은 하나님의 음성에 응답하면서 자신이 **선택**의 세상에 던져진 것을 발견했습니다. 다른 청소년들도 마찬가지입니다. 우리가 살고 있는 이 세상은 하나님께서 적극적으로 우리를 선택하시는 곳, 그 선택에 응답하여 그분이 '맞다' 고 하시는 것에 우리도 '그렇습니다' 고 하는 것이야말로 최상의 행동이 되는 곳입니다. 이러한 환경 속에서 결정을 내리는 것은 결코 사소하거나 주변적인 일이 될 수 없습니다. 청소년의 모든 선택은(머리 모양이나 옷차림새처럼 겉보기에 중요하지 않은 사항에 대한 선택까지 포함해서), 앞으로 자신이 그리스도 안에서 어떤 사람이 될 것인지를 결정짓는 선택을 배우는 과정의 일부입니다.

청소년기의 결정들은 하나님의 선택이라는 배경 속에서 이루어집니다. 또한 그 결정들은, 어떤 사람들이 생각하는 것처럼 "잠재력의 발휘"를 위해 제 고집에 따라 방향도 없이 충동적으로 이루어지는 것이 아닙니다. 또한 그 결정들은 '아버지의 뒤를 따르기 위해' 누군가의 감시 아래 남의 선택을 서투르게 모방하는 것이 되어서도 안 됩니다. 그러한 결정들을 통해서는 진정한 정체성이 형성되지 않습니다.

어른들이 청소년에게 보여 주는 미래의 모습이 대부분 파괴적이고 타락한 것이라면, 그것을 어떻게 기독교의 복음이라고 할 수 있겠습니까? 또 설사 부모가 좋은 모범을 보여 주었다 해도, 그 모범에 따라 정체성을 세우라고 아이들에게 강요한다면, 그것을 어떻게 기쁜 소식이라고 할 수 있겠습니까? 어른이 되고 싶어하는 청소년들 중에서 남이 그 일을 대신 해 주기 바라는 사람은 아무도 없습니다. 청소년들은 자기가 직접 그 일을 해 내고 싶어합니다. 즉 자기가 내리는 결정들이 의미가 있기를 바라는 것입니다.

이렇게 해서 어린 사무엘의 이야기는 청소년의 경험을 보여 주는 하나의 본보기가 됩니다. 사무엘은 자신의 정체성을 일깨우는 새로운 방식으로 누군가 자기 이름을 부르는 소리를 듣습니다. 그리고 마침내 자기 이름을 부른 그 누군가가 바로 하나님이시며, 그 하나님께서 자신의 삶을 새롭게 창조하신다는 사실을 깨닫습니다.

이 본보기는 부모들에게 한 가지 분명한 암시를 주고 있습니다. 그것은 이른바 '정체성의 위기'라는 것이 부모의 책임은 아니라는 사실입니다. 사무엘 사건은 한밤중에, 부모와 친구로부터 떨어져서 혼자 있을 때 일어납니다. 엘리는 이 두려운 사건이 진행되는 동안 사무엘이 엘리 자신의 권한에서 벗어나 자신의 감독을 받지 않은 채 혼자 고독하게 있을 수 있도록 기꺼이 그를 믿고 맡겼던 것으로 보입니다.

모든 청소년은 이처럼 사생활의 권리를 가지고 있습니다. 어른들은(심지어 그 어른이 부모라고 할지라도) 그들의 사생활을 엿볼 권리가 없습니다. 자기 자신을 정의하는 과정은 섬세하고도 정교합니다. 이 과정에 간섭하는 것은 무례한 일이며 때로는 치명적인 일이 될 수도 있습니다.

부모들이 이러한 사실을 받아들인다면, 청소년에 대해서 '종교적인 태도'를 취하는 사람들과 한 패가 되지 않을 수 있습니다. 그러한 사람들의 관심은 분명 진지한 것이지만, 그것을 복음이라고 부르기에는 자기 확신도 부족하고 신학적으로도 성숙해 있지 못합니다. 이런 관심은 피해만 입힐 뿐입니다. 이러한 사람들은 대개 다음 두 부류 중 하나에 속합니다.

하나는 청소년을 현대 세계 속의 거대한 이교 세력으로 보는 부류로서, 그들의 입장은 다음과 같은 것입니다.

"콘스탄틴 황제 시대 이래로 기독교 세계 안에 요즘처럼 복음의 전제를 받아들이지도 않고 그에 따라 살지도 않는, 자의식 강하고 자기 존속적인 문화는 없었다. 혹자가 '반(反)문화'라고 부르기도 하는 바, 이 '낯선 사회'는 반드시 구원받아야 한다. 청소년들은 그 가장 극명한 예를 보여 주는 집단이다. 그들은 역사를 거의 모르며 그만큼 기독교에 대해서도 무지하다. 청소년 대중은 문화의 급격한 변화에 휩쓸리고 테크놀로지와 기계에 매몰됨으로써 성경적이고 기독교적인 전통으로부터 단절되었다.

이들은 기독교 문명이라는 낯익은 지도(地圖) 위에 별도로 덧붙여진 낯선 땅이다. 이들은 거의 알아들을 수 없는 언어로 말을 하고 위엄이라고는 찾아볼 수 없는 옷을 입고 다닌다. 그 습관들을 보면, 이들이 청결과 건강이라는 사회적 편의를 전혀 존중하지 않는다는 사실을 알 수 있다. 그들의 상상 속에는 인간의 죄나 미덕에 대한 생각이 전혀 없다.

이들은 역사에 대해서는 마치 어린아이와 같아서 모든 것을 시행착오로만 배우겠다고 고집하는데, 이는 신석기 시대에나 어울리는 '반역사적인' 사고 방식이다. 이들에게 권위를 가지는 것은 '체험'이다. 이들은 과거도 미래도 없이 오직 현재만을 살아가는 '원시인'들인 것이다. 이들은 힘겹게 싸워서 얻은 도덕적 진리의 교훈과, 성경에 기록된 과거의 사건과, 기독교의 미래에 뿌리를 둔 구원의 역사로부터 단절되어 있다. 이러한 '신(新)이교주의' 앞에서 이들을 회심시키기 위한 특별 캠페인을 논의하는 것은 당연한 일이다."

또 다른 한 부류는 아주 순진한 눈으로 청소년을 바라보면서 이렇게 말합니다.

"지금의 성인 세대만큼 복음에 따라 사는 데 완전히 실패한 기독교 세대는 없었다. 이 성인 세대는 스스로를 방치하여 세속적 성취와 물질적 진보에 최우선 순위를 두는 비인간화된 현대성과 타협했다. 그들은 무감각한 순응주의를 삶의 양식으로 받아들이는 사고 방식에 굴복했고, 체면이라는 소시민적 기준의 지배를 받으면서 영적인 삶을 폐쇄된 삶 속으로 꾹꾹 밀어 넣었다. 지구상의 많은 인구가 죽어 가고 영혼들은 쇠약해 가는데도 탐욕은 '야망', '진보', 그리고 '성장'과 같은 단어의 탈을 쓴 채 계속해서 존경받고 장려되고 있다.

그러나 이제 청소년들이 구원의 희망으로 떠올랐다. 이들이 개인의 성실성과 의미를 추구하는 것은, 인간의 가치가 다시 한 번 최고의 주권을 잡을 인격적인 세상(기술적인 세상에 대립되는)의 선두에 그들이 서 있다는 신호이다.

이들이 사용하는 마약은, 신나는 내면 생활을 추구하기 위한 합법적인 수단이다. 나이 든 세대는 그러한 내면 생활을 새로운 모델의 자동차에 팔아 버렸다. 이들이 입는 옷은 나이 든 세대가 관료주의의 제복에 내어 준 개인적 정체성의 표현이며, 이들이 듣는 음악은 나이 든 세대가 분위기 잡는 배경 음악에 위로를 받으면서 무감각하게 저버린 헌신과 참여로 부르는 신호이다. 그리고 이들이 추구하는 성생활은 나이 든 세대가 관습과 금기라는 올무로 억압했던 관계, 즉 열려 있으면서도 깊이 있는 관계를 맺으려는 시도이다.

청소년은 미래의 희망이다. 그들의 이상은 인도적(人道的)이며, 그들의 통찰력은 의롭다. 비록 그들이 도덕적 신학적으로 결함이 있다 해도, 그것은 충분히 이해할 만한 것이다. 도덕이나 신학은 우리가 잇단 전쟁을 일으키고 지구를 오염시키는 것을 막아 주지 못했다.

청소년을 새로운 삶을 추구하는, 신선하고 때묻지 않는 '갤러헤드'(Galahad, 〈아더왕 이야기〉에 나오는 원탁의 기사 가운데 한 사람으로, 고상하고 성실하고 예의바른 사람을 상징한다 – 옮긴이)로 보라. 그들을 따르라. 그들이 '세상을 젊게' 할 것이다."

첫번째 부류의 어른들은 청소년들을 자신있게 비난하면서 해결책을 제시할 태세를 갖추고 있습니다. 두번째 부류의 어른들은 죄책감을 안고 자신들의 실패를 고백하며, 청소년들에게 희망을 품고 그들의 도움을 기다립니다. 그리스도인 부모들은 이 두 부류의 사람들보다 좀더 겸손하면서도 좀더 효율적인 역할을 하기 위해 좀더 나은 일을 해야 합니다. 그것은 열정에서건 희망에서건 그들의 일에 간섭하는 대신, 엘리 제사장처럼 그들을 하나님께 의탁해야 할 것입니다.

부모들이 겪는 어려움 중 하나는, 이 과정에서 자신들은 아웃사이더(outsider)이며 또한 아웃사이더가 되어야만 한다는 데 있습니다. 이 과정에서 부모가 할 수 있는 일은 많지 않습니다. 적어도 직접적으로 할 수 있는 일은 거의 없습니다. 자기가 누구인지 찾아가는 과정에 있는 청소년에게 부모는, 그와 대조되면서 그를 보완해 주는 역할을 하게 됩니다. 이처럼 청소년의 자기 정체성은 부모와 별도로 형성되어야 합니다. 이것은 결국 부모가 소외되고 거부당하며 무시당하고 인정받지 못하는 듯한 느낌을 받게 되리라는 것을 의미합니다. 부모는 자녀의 유년 시절 내내 익숙하게 하던 것처럼, 청소년기 자녀의 모든 상처에 동참하며 모든 세세한 일에 밀접하게 관여할 수 없습니다. 청소년기에는 자녀와의 사이에 어느 정도의 소외감이 있을 수밖에 없습니다.

그러나 부모가 청소년기의 아웃사이더라고 해서 곧 자녀들의 적수(敵手)가 되어야 한다는 뜻은 아닙니다. 부모가 인사이더(insider)로서 성장의 모든 복잡한 사안들을 다 나눌 수 없다고 해서 그들에게 적대적이 되거나 화를 내야 하는 것은 아니라는 말입니다. 우리는 여전히 자녀에게 관심을 가지고 있는 경건한 부모로서, 판단력을 갖춘 공감(共感)으로 그들을 지켜볼 수 있으며, 지식에서 비롯된 자신감으로 그들을 위해 기도할 수 있습니다.

또한 부모는 청소년 자녀라는 자극제를 통해 자기 발견과 개인적 성장으로 나아갈 수 있게 된 것에 감사할 수 있습니다. 이 자극제는 느릿느릿 되밀리는 물처럼 정체된 삶에서 벗어나 힘차게 약동하는 하나님의 강으로 나아가라고, 제자로서의 열정과 떨림이 성장을 멈춘 자리에 물밀듯이 밀려들어오는 그 강으로 나아가라고 우리를 격려합니다.

성장을 위한 질문 Study Questions

1. 당신은 청소년기를 어떻게 보냈습니까? 지금도 재미있게 생각되는 일이 있습니까? 또 나의 형제나 자매들은 어떻게 청소년기를 보냈습니까?

2. 당신의 십대 자녀에 대해 설명해 보십시오. 그의 특징은 무엇입니까? 그가 청소년기에 들어서면서 어떤 변화들이 나타났습니까? 그 중에 긍정적인 것은 무엇이고, 어려웠던 것은 무엇입니까? 실망을 느낀 것이 있다면 무엇입니까?

3. 사무엘상 3장을 읽으십시오(217-218쪽에 성경 본문이 실려 있음-엮은이). 여기에서 청소년의 성장을 설명하는 내용으로 읽

을 수 있는 부분은 어디입니까?

4. 청소년기의 과정을 탁월하게 잘 관찰한 에릭 에릭슨은 이렇게 썼습니다.

"인간의 삶에는 뿌리가 뽑히는 '자연스러운' 시기가 있는데, 청소년기가 바로 그 시기이다. 마치 공중곡예사처럼 격렬한 몸놀림의 과정중에 있는 청소년은, 성인기를 단단히 붙잡기 위해 유년기라는 안전한 손잡이에서 손을 떼고 팔을 뻗어야 한다. 잠깐 동안 공중에 떠 있는 그 숨가쁜 순간, 과거와 미래의 연관성을 의지하면서, 자신이 손을 놓아야만 하는 사람들과 자신을 '받아 줄' 사람들의 신실함을 의지하면서 팔을 뻗어야 하는 것이다."[8]

당신의 십대 자녀의 삶 가운데서 이 글의 예가 될 만한 사건이 있었습니까?

5. 지난 몇 년 동안 당신은 어떻게 변했습니까? 예를 들어 10년 전, 혹은 5년 전 당신의 모습과 지금의 모습은 어떻게 달라졌습니까? 또 청소년 시절의 자아상과 중년기에 접어든 지금의 자아상은 어떻게 달라졌습니까?

거부와 저항에 대하여

❸ 나 교회에 안 갈래요

의심과 질문과 반항은 십대들의 인격 속에서

무언가 매우 중요한 일이 일어나고 있다는 증거라는 사실을 알아야 합니다.

그들은 그리스도 안에서 자기 나름의 어른스럽고

개인적인 신앙을 가지기 위한 준비 운동을 하고 있는 것입니다.

청소년들은 자기 존재의 근원을 찾고 스스로를 정의(定義)하려는 의도에서, 때로 '부정'과 '거부'라는 장치를 사용합니다. 이들은 **개인적인** 신앙을 추구하면서, **비개인적**이거나 **제도적**인 것은 무엇이든 거부합니다. 성장하면서 교회에 가지 않겠다는 '협박'도 심심찮게 합니다.

"나 오늘 교회에 안 갈 거예요!"

이러한 협박의 말을 들은 그리스도인 부모는 감정이 무너지기 시작합니다. 청소년 자녀를 둔 부모들은 좋건 싫건 그들의 혼란에 연루되어 있습니다. 그들이 다루어야 하는 어려운 문제 중 하나는 다음과 같은 것입니다.

'그리스도인 부모로서 어떻게 하면 내 십대 자녀가 그리스도인이 되도록 돕는 책임을 완수할 수 있을까? 억지로 교회에 가게 만드는 것이 그 일에 도움이 될까, 아니면 오히려 방해가 될까?

부모들은 자기 자녀가 하나님께 나타내는 반응에 많은 것을 걸고 있습니다. 그들은 기도와 관심과 훈련, 그리고 사랑을 투자했습니다. 그러기에 그것이 물거품이 되는 것을 보고 싶지는 않을 것입니다.

자녀가 어렸을 때는 부모의 임무가 더 명확했습니다. 어린 자녀들은 '하나하나 차근차근' 가르쳐야 합니다. 그리고 신실한 교회 기관에도 보내야 합니다. 어린 자녀들은 성경에 무슨 내용이 있는지를 알아야 하며, 하나님이 자신을 사랑하신다는 사실과, 자신이 살고 있는 세상은 모든 일이 영구적으로 계산되고 있는 도덕적인 곳이라는 사실을 알아야 합니다.

이렇게 자녀들을 가르치는 일이 항상 쉬운 것은 아니지만, 임무 자체는 비교적 간단합니다. 부모는 신앙의 선생이자 본보기이며, 자녀는 학생이자 모방자입니다.

그러나 자녀들이 청소년이 되면, (여전히 배우는 자리에 있기는 하지만) 더 이상 '배우는 자'가 그들의 첫번째 역할은 아닙니다. 이제 그들은 갈수록 '결정을 내리는 자'가 되어 갑니다. 그들은 앞으로 몇 년 후 어른들의 세상에서 책임 있게 살아가기 위해 결정을 내리는 연습을 하기 시작합니다.

자녀가 이렇게 자신의 기본적인 태도를 바꾸면, 부모의 반응에도 그에 상응하는 변화가 있어야 합니다. 그리고 이러한 변화는 양쪽 모두를 낯선 자리로 데려다 놓으며, 거기서 그들은 어색하고 불안정한 느낌을 갖게 됩니다.

예를 들어, 교회 문제에 대해서 청소년 자녀가 내린 결정이 부모가 내린 결정과 어긋날 때는 어떻게 해야 합니까? 대부분의 부모들은 머리모양이나 옷차림, 그리고 친구들에 대해서는 어느 정도 다양성을 인정해 줄 용의가 있습니다. 그러나 기본적이고도 변함없이 중요한 문제들이 거부당함으로써 위기에 처하게 되면 어떻게 해야 할까요? 이럴 때 부모들은 딜레마에 빠지게 됩니다.

부모는 청소년이 성인으로서 결정내리는 법을 배우기를 원하며, 최소한의 간섭으로 그것을 연습하게 해 주고 싶어합니다. 그러나 교회나 신앙 문제처럼 중요한 영역에까지 그러한 자유가 미치도록 허용하는 것이 과연 책임 있는 행동일까요?

어떤 부모들은 그렇지 않다고 생각합니다. 그들은 자녀가 부모의 집에서 같이 사는 한, 부모의 종교에 매여 있다고 생각합니다.

"내 집에서 사는 한, 너는 가족과 함께 교회에 가야 한다. 이 점에 대해서는 더 이상 말하지 말자."

또 다른 부모들은 이들과 근본적으로는 같은 입장을 취하지만, 실제로 적용할 때는 억압 전술을 사용합니다.

"오늘 교회에 안 가면 내일 밤에 볼링 치러 못 갈 줄 알아!"

"올해 말까지 교회에 매주 나가면 네 방에 놓을 스테레오를 사 주마."

이러한 말이 그 예입니다. 협박과 회유의 다양한 변조는 끝이 없습니다.

어떤 부모들은 이러한 씨름을 아예 포기합니다. 그들은 주일 아침을 매번 격투장으로 만들어 버리는 자녀의 끊임없는 불평과, 그러한 자녀를 질질 끌다시피 해서 교회에 데려가는 싸움에서 항복하고 맙니다. 그리하여 십대 자녀 없이 교회에 가는 동시에 두통도 해결합니다. 그러나 이러한 싸움에서 양보함으로써 그들은 종종 죄책감과 패배감을 느낍니다. 교회로 가는 평화로운 드라이브 길도 제대로 즐길 수 없게 됩니다.

또 어떤 부모들은 청소년들이 자기 선조들(아니면 아버지!)의 믿음에 의문을 가지기 시작하면, 그것은 부모가 '새로운 관계'를 발전시키고 그 관계를 좀더 명백하게 해야 할 때라는 신호라고 생각합니다. 여기서 새로운 관계란, 아버지와 딸 사이 또는 어머니와 아들 사이의 관계가 아니라 그리스도인으로서의 관계를 뜻합니다. 그리스도인 **부모**가 되는 책임에다가, 이제는 **그리스도인**이 되어 개인적인 신앙의 의미를 함께 나누어야 하는 소명이 더해진 것입니다.

부모와 함께 같은 집에서 10년을 넘게 살았으니 온건한 지각을 가진 아이라면, 부모가 그리스도인이고 주일날 교회에 간다고 해서 그들이 성인(聖人)은 아니라는 사실을 알 것입니다. 자녀들은 부모가 날마다 죄를 짓는다는 사실을 알고 있습니다. 지금이 바로 그것에 대해서 이야기할 때입니다.

이제는 부모가 그저 충고하고 지시만 내리지 말고, 적어도 가끔씩은 그리스도인으로서 자신의 개인 성장사에 관해 함께 나눌 때가 되었습니다. 실패한 경험과 용서를 받은 사건도 나눌 수 있습니다. 이제 자녀는 우리 인생이 순례이며 아직은 종착역에 도달하지 못했다는 사실과, 은혜는 감사하게 받아들여야 한다는 사실을 이해해야 하는 위치에 서 있습니다. 만약 부모가 종교적인 냉정함과 확고한 신앙, 그리고 절대적인 확신의 태도만을 계속 고집한다면, 신뢰의 장애물만 쌓여 갈 것입니다.

질문이 생기고 의심과 반항이 표출될 때, 그것에 대응하는 바른 전략이 '홍보 캠페인'의 강화라고 생각하는 것은 심각한 오산입니다.

"함께 기도하는 가족은 함께 있게 된단다."

"교회를 떠나는 것은 인류의 가장 풍성한 유산을 떠나는 거야."

"이렇게 하나님께 등을 돌려서야 어떻게 하나님이 너를 축복하리라 기대할 수 있겠니?"

하나님은 그 어떤 부모에게도 자신을 대신해서 이 같은 광고 캠페인을 띄우라고 요구하시지 않습니다.

어느 아버지는 아들이 교회와 관련된 모든 것을 혐오하기 시작하고 더 이상 교회와 상관하지 않겠다고 하자 다음과 같이 말했습니다.

"나도 한때 그런 생각들을 했었다. 사실 지금도 가끔 그런 생각을 한단다. 하지만 이럴 때 교회에서 멀리 떨어져 있게 되면 한 가지 문제가 생기지. 그것은 정말 중요한 생각과 관습에 대해서 너와는 다른 입장을 취하는 사람들과 대화를 계속할 방법이 없다는 거야.

네 인생에서 처음으로 너는 어른으로서 생각하고 느끼기 시작했어. 네가 혐오스럽다고 느끼는 많은 것들이 사실은 네가 어렸을 때 교회에서 다 겪었던 것들이야. 앞으로 몇 년 동안 네 생각과 감정을 주일마다 교회로 가져가서 그 곳에서 실험하는 것이 더 합리적이라고 생각하지 않니? 네가 집에 남아 있게 되면 논쟁을 하거나 네 자신을 시험해 볼 대상이 하나도 없잖아. 네 어릴 적 기억들을 빼고는 말이야. 이제 너는 매우 빠르게 변하고 있고 또한 배우고 있어. 그런 너의 새로운 비전과 경험을 교회는 필요로 한단다.

너는 지금 교회와 논쟁을 하고 있는 거야. 하지만 어느 논쟁이건 한 편만 옳고 상대방은 항상 틀린 논쟁은 거의 없단다. 사람이 논쟁을 통해서 기대하는 것이 무엇이겠니? 그것은 양쪽 모두 상대방이 이야기하는 것을 더 깊이 이해하고 받아들여서, 그로 인해 변화되거나 다소 수정되는 것이야. 하지만 그렇게 하려면 잘 들어야 하고 나쁜 인상들은 고쳐야 하며, 잘못 판단한 것들은 다시 평가해야 하는 거지. 교회에서 일어나는 모든 일을 네가 비판도 없이 다 받아들이기를 바라는 사람은 아무도 없어. 그러나 네가 그냥 나가 버린다면 어른다운 책임감 있는 토론은 사라질 거야.

교회는 항상 네가 하나님과의 관계 속에서 자유롭게 선택하는 것을 매우 강조해 왔단다. 이제 네가 네 나름의 책임 있고 자유로운 결정을 내리는 기술을 터득하고 있으니까, 대화가 진행되는 동안에는 끝까지 남아서 네가 최종적으로 성숙한 결정을 내리게 되는 것이 이 아빠에게는 중요하단다. 네가 궁극적으로 내리는 모든 결정을 나는 존중할 거다. 그러나 지금은 네가 내린 대부분의 결정이 유년기의 체험을 통해서 형성되었을 것이라는 생각이 든다. 따라서 그것이 성숙한 결정일 확률은 그리 높지 않은 것 같구나.

예를 하나 들어 보마. 네가 오늘 나에게 여자애들이 싫고 다시는 걔들과 상관하고 싶지 않다고 말한다면(이 아이는 최근 여자친구와 가슴 아픈 이별을 했다), 나는 아마 너의 감정을 존중하고 그런 생각을 하게 된 계기들을 어느 정도 이해할 거야. 하지만 그러한 감정에 기초해서 네가 다시는 여자와 아무런 관계도 가질 수 없는 독신의 서약을 하는 것은 허락하지 않을 거다.

네게는 아직 극복해야 할 심리적 장애도 있고, 아직 해결되지 않은 긴장도 있지 않니? 그런 종류의 결정을 내리기 전에 너는 어른의 경험을 좀더 많이 할 자격이 있어. 네가 성장하면서 계속해서 여자들에 대해서 배우고 여자들과 책임 있는 관계를 가져서, 남자와 여자 간의 상호 작용의 본질에 대해서 깊이 있는 경험을 발전시키는 것이 독신으로 사는 것보다 나을 거야.

교회와의 관계도 마찬가지란다. 부모로서 가지는 내 책임 중 하나는 너를 여러 가지 경험 가운데 최대한 오랫동안 머무르게 함으로써, 최대한 많은 것을 느끼고 많은 일에 직면하여 어른다운 좋은 결정을 내리도록 너를 준비시키는 일이야. 나는 네가 나처럼 예배와 배움이라는 교회의 생활에 동참하기를 바란다.

나는 네가 전부 다 믿어야 한다고 생각하지도 않고, 아무 것도 비판해서는 안 된다고 생각하지도 않아. 교회 안에도 죄와 불순종은 많이 있단다. 네가 그런 것을 간파할 수 있다면 너는 다른 사람들에게 도움을 주는 거야.

교회가 너의 관점이나 생각들을 제대로 인정해 주지 않는다고 느낄지도 모르겠다. 그리고 사실 교회가 그럴 수도 있다는 점을 솔직히 시인하마. 그러나 나는 네 생각들을 인정한다. 그리고 계속해서 그 생각들을 듣고 싶구나.

지금 너는 교회의 전체적인 운영에 대해서, 오랫동안 그 구조 속에 머물러 있던 어른들에게는 결핍되어 있는 새로운 시각을 가지고 있어. 너의 새로운 통찰력이 주는 유익을 네가 누리는 것이 중요하단다. 네가 이러한 통찰력을 가지고 있는 이유 중 하나는, 네가 어른들처럼 많은 책임과 기득권을 가지고 있지 않기 때문이야. 나를 포함하여 이러한 책임과 기득권을 가진 사람들은 어떤 감정을 표현하거나 생각을 검토하는 일이 쉽지 않단다. 결과적으로 너의 객관적인 관점은 소중한 것일 수밖에 없지.

기업들은 경영 컨설턴트들을 초청해서 자기 기업의 운영 체계를 검토하게 하는데, 그것은 컨설턴트들이 자기들보다 더 지적이고 성숙해서가 아니야. 그들이 외부인이어서 전체적으로 균형 있게 그 기업을 볼 수 있기 때문이지.

청소년들은 교회 안에서 그와 비슷한 기능을 하고 있단다. 나는 네가 너의 관점들을 나눌 수 있는 곳에서 나와 함께 있었으면 좋겠구나. 같은 그리스도인으로서 나는 네가 필요하고, 나 외에도 너를 필요로 하는 사람들이 많을 거라고 생각한단다."

청소년들이 교회에 대한 의심과 하나님에 대한 불확실성을 표현하는 방법은 다양합니다. 더러 도전적일 때도 있습니다.

"위선자들로 가득 찬 그런 교회에는 더 이상 가지 않겠어요!"

수긍이 갈 정도로 합리적일 때도 있습니다.

"오늘은 교회에 안 가는 게 좋을 것 같아요. 숙제도 너무 많고, 엄마 아빠도 제가 우등생이 되기를 원하실 테니까요."

때로는 약을 올리기도 합니다.

"교회에 간다고 얻는 게 뭐예요? 교회 간다고 정말 뭐가 달라진다고 생각하세요?

그러나 이러한 모든 저항의 이면에는 신앙 안에서 치르는 '영적 성년식'이 있습니다. 청소년들의 내면에는 어떤 끈질긴 목소리가 있어서 이렇게 말합니다.

'더 이상 하나님을 당연하게 받아들일 수는 없어. 하나님에 대한 부모님의 태도를 그냥 받아들이거나 교회에서 부모님이 하는 일을 그대로 따라하는 것만으로는 충분치 않아. 이제부터 일어나는 일은 **나의** 일이 되어야만 해.'

이러한 의심과 질문과 반항은 자녀들의 인격에 무언가 매우 중요한 일이 일어나고 있다는 증거라는 사실을 부모들이 알아야 합니다. 이 십대 자녀들은, 어른으로서 하나님과 관계를 유지하는 것은 어떤 것인지 궁금해하고 있습니다. 그들은 그리스도 안에서 어른스럽고 개인적인 신앙을 가지기 위한 자기 나름의 준비 운동을 하고 있는 것입니다.

이러한 시간이 순탄하지는 않더라도, 유익한 시간으로 여겨야 합니다. 왜냐하면 부모들은 이제 한 인간으로 부상하고 있는 이들과 함께 자신이 겪었던 기독교 신앙의 씨름과 성취들을 나눌 수 있기 때문입니다. 교회에 저항하는 것은 무신론으로 나아가는 첫걸음이 아닙니다. 오히려 제자가 되어 가는 자연스러운 발전과정일 확률이 더 큽니다.

이러한 의견 차이를 부모가 허용하지 않는다면, 자녀들이 자발적으로 신앙을 받아들일 가능성은 사라지고 말 것입니다. 부모가 자녀의 반항하는 소리와 더듬거리며 내뱉는 의심에 찬 말에 귀를 막는다면, 신앙에 따라 결정하는 법을 배우는 매우 흥미로운 과정에 참여할 기회를 스스로 포기하는 결과가 되고 말 것입니다.

그리스도인 부모들은 하나님을 향한 자녀의 신앙에 대해서 나름의 목표를 정하는 것이 중요합니다. 성장하는 자녀들이 부모가 가르친 것을 바꾸지도 도전하지도 않고 무조건 받아들이기를 바랍니까? 아니면 그들 자신이 직접 호기심과 탐구로 그리스도 안에 있는 새로운 삶의 개인적인 영역을 발견하면서 자신에게 주어진 모든 것을 처리해 나가기를 원합니까? 만약 전자를 원한다면, 자녀들이 바라보는 부모의 모습에는 최선에 미치지도 못하고 오히려 버려야 할 것들이 많다는 사실을 기억해야 합니다.

교회 안에도 고쳐야 할 잘못들이 많습니다. 또한, 비록 내 자식일지라도 그가 어떻게 기독교를 체험해 나갈지 정확하게 알지 못한다는 사실도 기억해야 합니다. 부모는 자녀가 앞으로 그리스도 안에서 새사람이 되기를 기도합니다. 그러나 그 새사람은 부모의 유전자와 가르침의 결과가 아니라, 하나님의 신선하고 새로운 창조물이며 그분의 부르심과 도전의 결과입니다.

하나님의 부르심과 관련해서 인생의 의미를 한 번도 생각해 보지 않은 사람들을 더 좋아하는 부모들은, 자녀가 인생의 의미를 검토하기 시작할 때 '청소년 문제' 또는 '종교적 문제'가 생겼다고 생각할 것입니다. 그러나 그렇지 않은 부모들은 복음의 핵심에는 개인적인 결단의 요청, 즉 "종교는 상속되지 않는다. 네 믿음은 아버지의 믿음이 아니라, 네 자신의 믿음이어야 한다"는 요청이 있음을 알 것입니다. 이러한 부모들은 자기 가정에 있는 십대가 교회를 거부하기 시작할 때, 또 한 사람이 하나님과의 관계에서 '개인적인 영역'을 느끼기 시작했다는 사실에 대해 하나님께 감사할 준비가 되어 있을 것이며, 부정하는 것은 긍정하는 방법을 발견하는 첫걸음이라는 사실을 실감할 것입니다.

자녀들이 두세 살이었을 때도 매우 비슷한 과정을 거쳤다는 점을 기억하면 도움이 될 것입니다. 차이가 있다면, 이제 그들의 '대항자'가 부모가 아니라 하나님이라는 사실입니다. 그리스도인 부모라면 자녀가 밋밋하게 개성도 없이 제도적인 종교 안에서 그냥 흐르는 대로 따라가면서, 몇 사람의 손을 거쳐서 신앙을 상속하기를 바라지는 않을 것입니다. 오히려 자녀가 그리스도와 자유롭고 어른스러운 관계를 가지기를 바랄 것입니다.

부모들은 하나님께 부탁해야 합니다. 자신이 청소년 자녀를 대할 때 정직하고 열려 있고 신실할 수 있도록 은혜를 달라고, 그리스도 안에서 사는 자신의 삶을 솔직하게 이야기할 수 있는 낙천성과 힘과 은혜를 달라고, 허세 부리지 않게 해 달라고 기도해야 합니다. 또한 그리스도 안에 있는 이 '새사람'의 성장을 자신의 자존심이 간섭하지 않게 해 달라고, 그리고 자기 가정에서 새롭게 부상하고 있는 이 한 사람이 그리스도 안에서 성장해 가는 과정을 함께 나눔으로 자신들의 삶이 더 깊어지고 풍성해질 수 있게 해 달라고 구해야 합니다. 그렇게 함으로써 부모들은 이러한 문제와 관련된 실제적인 사항들을 다룰 수 있는 지혜를 얻게 됩니다.

성장을 위한 질문 Study Questions

1. 당신이 청소년이었을 때도 교회에 가기를 거부했습니까? 그 때 당신의 부모들은 어떻게 반응했습니까? 그 때 부모들이 보여준 반응에 대해 어떻게 평가합니까?

2. 당신은 교회를 완전히 떠난 적이 있습니까? 그 기간이 얼마나 오래 지속되었습니까? 어떻게 해서 다시 돌아오게 되었습니까?

3. 당신의 십대 자녀들은 교회에 대한 저항을 어떻게 표현합니까? 그들은 어떤 이유를 대며 어떤 술책을 사용합니까?

4. 자녀들이 "나 교회에 안 갈래요"라고 말하거나 실제로 교회에 가지 않을 때, 당신은 무엇이라고 말합니까? 이에 대해 당신은 일관된 전략을 가지고 있습니까? 당신의 기본 원칙을 재점검해 보십시오.

5. 지금 당신은 왜 교회에 나갑니까? 그것이 당신에게 어떤 의미를 지니는지 생각해 보십시오. 실제 예배의 행위가 당신에게 개인적으로 의미하는 바는 무엇이며, 그것이 당신의 삶 전체에서 얼마나 중요합니까?

6. 당신은 자녀가 원하지 않을 때에도 그가 교회에 나가기를 바

랍니까? 그렇다면 그 이유를 말해 보십시오.

권위와 순종에 대하여

❹ 강요하지 마세요

부모에게는 권위가 있고 자녀는 순종해야 한다는

보편적인 체계가 주어진 상태에서, 청소년 자녀를 둔 부모들이

응답해야 할 질문은 '어떻게 하면 자녀를 복종시킬까?' 가 아닙니다.

'어떻게 하면 나의 권위를 제대로, 그리고 지혜롭게 행사할 수 있을까?' 입니다.

청소년기는 부모의 권위에 도전하는 시기입니다.
부모들에게 권위가 **있다**는 사실은 자명합니다. 그러나 그 권위를 어떻게 행사하느냐 하는 문제는 그렇게 분명하지가 않습니다. 부모들은 청소년이 반항하면서 던지는 도전과 질문, 그리고 거기서 받는 압력 때문에 자신이 가지는 권위의 기초를 재검토할 수밖에 없으며, 자신이 권위를 행사하는 방법에 대해서 재평가할 수밖에 없습니다.
개인적인 권위에 대한 도전은 청소년기에 나타나는 매우 흔한 현상입니다. 그것은 단순히 사도 바울의 말을 들이댐으로써 해결될 수는 없습니다.
"자녀들아, 너희 부모를 주 안에서 순종하라. 이것이 옳으니라."

(엡 6:1)

청소년들도 에베소서를 읽었을 것이고 자기들도 나름대로 인용을 할 것입니다.

"또 아비들아, 너희 자녀를 노엽게 하지 말고 오직 주의 교양과 훈계로 양육하라."(엡 6:4)

청소년기의 핵심적인 임무 중 하나가 순종과 복종의 행위를 내면화하고 어른들의 지도와 안내와 인도를 받는 것이라면, 그에 따르는 부모의 임무는 올바르고 지혜로우며 기독교적인 방법으로 권위를 행사하는 것입니다.

고백하건대 나는, 자녀가 말 잘 듣게 하는 방법들을 서로 주고받으며 권위를 존중할 줄 모르는 청소년들 때문에 우리 사회가 처하게 된 비극적인 난국을 슬퍼하는 부모들만의 자유 토론은 정말 참기가 힘듭니다. 차라리 자기 자신이 권위를 어떻게 행사할 것인지, 자신이 가지고 있는 권위는 도대체 어떻게 얻게 된 것인지, 그리고 어떻게 해야 그 권위를 계속 유지할 수 있는지에 대해 토론하는 것이 훨씬 더 나을 것입니다.

성경에는, 부모는 권위를 행사하고 자녀는 그 권위에 복종해야 한다는 분명한 명령이 있습니다. 그러나 그 권위는 일정한 성경적인 정황 속에서, 즉 일정한 양식과 예의를 갖추고 행사되어야 하며, 그 점에 대해 부모는 특별히 관심을 가져야 합니다.

부모에게는 권위가 있고 자녀는 순종해야 한다는 보편적인 체계가 주어진 상태에서, 청소년 자녀를 둔 부모들이 응답해야 할 질문은 '어떻게 하면 자녀를 복종시킬까?'가 아닙니다. '어떻게 하면 나의 권위를 제대로, 그리고 지혜롭게 행사할 수 있을까?' 입니다.

이것은 방향 전환을 의미합니다. 왜냐하면 유년기에는 그 반대였기 때문입니다. 그 때 부모의 임무는 자녀에게 복종을 가르치는 것이었습니다. 그러나 일단 자녀가 청소년기에 이르게 되면, 부모는 자신이 권위를 행사하는 방법에 관해 훨씬 더 많은 시간을 들이고 관심을 쏟아야 합니다. 따라서 자녀가 자신에게 제대로 복종하는지 하지 않는지를 걱정하는 데 쏟는 시간과 관심은 줄여야 합니다.

나는 일부 부모들이 권위 행사의 표본으로서 누가복음 2장 41-51절보다 잠언 13장 24절을 더 좋아하는 것을 늘 의아하게 생각합니다(누가복음 2장 41-51절에는 예수님이 열두 살 때 예루살렘의 성전에 남아 있었던 이야기가 나오며, 잠언 13장 24절은 "초달을 차마 못하는 자는 그 자식을 미워함이라. 자식을 사랑하는 자는 근실히 징계하느니라"는 말씀입니다). 두 본문 모두 좋은 지침을 주고 있는 것은 사실입니다. 그러나 잠언서의 말씀은 부모가 훈육의 임무를 진지하게 받아들일 것을 훈계하는 압축되고 날카로운 말씀인데 반해, 누가복음의 이야기는 그 훈육이 예수님의 청소년기에 요셉과 마리아의 가정에서 어떻게 실행되었는지를 보여 주는 실례입니다.

내가 보기에(나의 태도가 좀 가혹한지도 모르지만), 어떤 부모들은 자신이 시키는 대로 자녀가 하지 않거나 자녀와 함께 성장하는 과정에서 부모로서 하는 충고에 자녀가 쉽게 짜증을 낼 때, 그들을 때릴 수 있는 성경적인 구실을 원하는 것 같습니다. 따로 떼어 놓고 본다면, 잠언서의 말씀은 체벌을 정당화하는 '선전 문구'로 사용될 수도 있습니다. 그러나 누가복음의 이야기는 어떤 '선전 문구'로도 사용될 수 없습니다. 단지 부모의 역할이 모호하다는 것을 보여 주고, 그 역할이 주는 불안과 불확실성에 대해 우리를 좀 더 민감하게 만들 뿐입니다.

요셉과 마리아라고 해서 십대의 부모 노릇 하기가 우리보다 쉬웠던 것은 결코 아닙니다. 예수님이 열두 살이었을 때 예루살렘에서 있었던 유월절 사건은 가장 모범적인 가정에서도 일어날 수 있는 권위와 순종 간의 긴장을 보여 줍니다.

요셉의 가정은 아마도 나사렛에서부터 예루살렘까지 연례적인 유월절 순례를 여러 번 갔을 것입니다. 축제가 끝나고 돌아오던 중, 예루살렘에서 하룻길을 왔을 때 부모는 아들이 같이 오지 않았다는 사실을 알게 되었습니다. 불안과 두려움에 휩싸인 채 그들은 아들을 찾으러 그 도시로 되돌아갔습니다. 그리하여 그들은 "성전에서 예수를 찾았는데, 그가 선생들 가운데 앉아서 그들의 말을 듣기도 하고 그들에게 묻기도 하"는 것을 발견했습니다. 그러자 부모와 청소년 자녀 사이에 대립이 생깁니다.

"얘야, 이게 무슨 일이냐? 네 아버지와 내가 너를 찾느라고 얼마나 애를 태웠는지 모른다."(눅 2:48 표준새번역)

마리아가 보기에, 아들 예수는 불순종했고 경솔했습니다. 부모의 권위가 예우를 받지 못한 것입니다. 그 아들은 부모가 알지 못하게, 그리고 부모의 의지와 상반되게 성전에 남아 있었습니다. 이 문제를 협소하게 권위와 순종의 문제로 본다면 이 이야기는 여기서 끝이 나야 합니다.

"마리아와 요셉이 옳고, 아들인 예수가 틀렸다. 끝."

만약 부모에 대한 모든 가르침이 잠언 13장 24절에 국한되어 있었다면, 요셉은 허리띠를 끌러서 랍비들 앞에서 한 차례 채찍질을 해 주고 아들을 다시 나사렛으로 데리고 갔을 것입니다. 그러나 누가는 그렇게 생각하지 않았습니다. 그는 소년 예수의 다음과 같은 말로 이야기를 계속 이어 나갑니다.

"어찌하여 나를 찾으셨습니까? 내가 내 아버지의 집에 있어야 할 줄을 알지 못하셨습니까?"(눅 2:49 표준새번역)

이를 다시 바꾸어 말하면 이렇습니다.

"왜 나의 일거수 일투족을 모두 통제하려고 하십니까? 내가 어렸을 때는 그렇게 해도 괜찮았지만, 나는 이제 더 이상 부모님이 항상 지켜보아야 하는 어린아이가 아닙니다. 내게는 부모님과는 다른 별도의 삶이 있습니다. 하나님과 나의 관계는 부모님이 예상할 수 없는 길들로 나를 인도해 갈 것입니다. 나는 부모님이 기대하는 영역을 넘어서서 행동하게 될 것입니다. 내 인생에는 부모님이 부과하시지 않은 다른 요구들이 있습니다. 내 인생에는 그저 부모님이 시키는 대로만 하는 것 이상의 의미가 있습니다. 나는 지금까지 내게 주어진 것보다 더 많은 의무들을 느끼기 시작했습니다. 세상은 나사렛에 있는 집과 나사렛에서 드리는 예배가 전부가 아닙니다. 나는 '내 아버지의 집'이라고 하는 더 넓은 세상에서 살기 시작했습니다. 나는 부모님께 순종하여 성전으로 왔습니다. 부모님을 따르는 데서 시작된 순종이 이제는 부모님과는 별도로 계속되어야 한다는 것을 모르시겠습니까?"

청소년은 아버지와 어머니로부터 물려받은 모든 형질을 단순하게 합쳐 놓은 존재가 아닙니다. 부모는 하나님의 인도를 대리하는 자로서, 때가 오면 옆으로 비켜 설 준비를 해야 합니다. 청소년은 부모가 감당하거나 통제할 수 없는 어떤 실체를 드러내는데, 그것은 어른이 되는 과정에서 막 태어나려고 하는 '새사람' 입니다.

아들 예수는 어머니의 꾸지람을 거부하고, 자신의 개인적인 필요와 자신에 대한 하나님의 권위를 강조합니다. 그리고 그 하나님의 권위가 자신의 부모가 인식하는 것보다 훨씬 더 넓은 영역에까지 미친다는 사실을 암시합니다. 부모의 권위라고 하는 매개를 통해 처음 들었던 하나님의 명령이, 이제는 부모의 명령과는 별도로 그 모양과 힘을 가질 수 있게 된 것입니다.

"예수께서 한가지로 내려가사 나사렛에 이르러 순종하여 받드시더라. 그 모친은 이 모든 말을 마음에 두니라."(눅 2:51)

부모는 계속해서 권위를 행사했으며, 그 청소년은 여전히 순종하며 따랐습니다. 그러나 이 때부터 전과 다른 차이가 하나 생겼습니다. '순종' 이라는 것이 다시는 부모의 기대(이를 전혀 무시할 수는 없지만)에 하나하나 맞춰서 사는 것으로 해석될 수 없게 되었습니다. 권위와 순종의 상호 관계는 여전히 작용하고 있었지만, 그 배경은 더 넓어졌습니다.

이 이야기는 부드럽고 요란하지 않으며 묵상을 이끌어 냅니다. 여기에는 '자녀를 말 잘 듣게 만들기 원하는' 부모들에게 주는 충고가 없습니다. 그렇다고 청소년들이 '원하는 대로 하게 해 주는'

허가증도 없습니다. 이 이야기는 부모와 자녀 관계라는 고정된 틀을 깨고, 부모와 청소년의 입장을 둘 다 고려하면서 새롭게 바뀐 현실을 포괄하는 융통성 있는 모델을 제시합니다.

히브리어에는 '자녀'를 가리키는 단어가 몇 가지 있는데, 그 단어는 각각 성장의 다른 측면 또는 단계를 묘사하고 있습니다. 그 중에서 가장 설명적인 두 단어가 있는데, '어머니에게 매달려 있는 아이'라는 뜻의 대중적 어원을 가진 '타프'(taph)와, '어머니로부터 스스로 떨어져 나가는 아이'라는 뜻의 대중적 어원을 가진 '나아르'(naar)입니다.

성전에서 예수는 막 '타프'에서 '나아르'로 이동하신 것입니다. 그리고 요셉과 마리아는 그것을 알아챌 만큼 지각이 있었습니다. 그들은 이전에 했던 방식으로 부모의 권위를 행사하려고 고집하지 않았습니다. 그들은 '나아르'를 '타프'의 틀에 강제로 집어 넣으려고 하지 않았습니다. 그들은 그들 자신의 부모 노릇을 '나아르'라고 하는 새로운 실체에 적응시켰습니다. 그들은 부모의 권위를 포기한 것이 아니라 다르게 행사한 것입니다.

청소년기 내내 변화하는 권위와 순종의 필요를 어떻게 처리할 것인지 안내하는 책을 쓸 수 있는 사람은 아무도 없습니다. 그러나 우리는 누가복음의 본문에서 유용한 지혜를 제공해 주는 몇 가지 통찰들을 볼 수 있습니다.

그것은 첫째, 권위가 도전을 받는다고 허세를 부려서는 안 된다는 것입니다. 미국의 철학자이자 심리학자였던 윌리엄 제임스는 이렇게 썼습니다.

나는 위대한 일과 거창한 일, 위대한 제도와 거창한 성공에서 손을 뗐다. 그리고 이제는 미세하고 보이지 않는 분자들의 힘, 수많은 부드러운 잔뿌리나 물이 조금씩 스며나오는 미세한 관(管)처럼 이 세상의 작은 틈새들 사이로 서서히 뻗어나가며 한 사람 한 사람에게 작용하는 그 힘, 시간만 주어진다면 인간의 자부심으로 이루어 놓은 가장 견고한 업적도 허물 수 있는 그 힘을 지지한다.

이 말은 청소년에게 부모의 권위를 행사하는 문제에 대해서 하나의 관점을 제공해 줍니다. 부모의 권위는 목소리가 높아지거나 체벌이 강해짐에 따라 그 힘도 더 커지는 것이 아닙니다. 만약 아이가 커감에 따라 '몽둥이'도 따라서 커진다면, 그 부모는 자신의 권위와 그 권위를 행사하는 방법에 대해서 참으로 잘못 생각하고 있는 것입니다. 마리아와 요셉은 조용히 충고하고 인내하면서, 신뢰하고 깊이 생각하고 기도하는 길을 택했습니다.

두번째 통찰은, 권위는 예의를 갖추어야 한다는 것입니다.

그 성전에서는 밀거나 치거나 고함을 지르는 일이 없었습니다. 부모의 권위 행사에 관한 성경적인 기반이 있다고 해서 일반적인 예의마저 지키지 않아도 된다는 뜻은 아닙니다. 권위의 행사가 곧 자기가 원하는 바를 자기 마음대로 하는 것을 의미하지는 않습니다.

19세기 영국의 소설가였던 조지 엘리어트가 쓴 소설 〈미들마치〉(Middlemarch)에는 일부 부모들을 묘사하는 구절이 있습니다. "하늘과는 친밀하게 지내면서, 가정에서의 예절은 개선되지 않는 사람들……."9

십계명의 다섯번째 계명은 부모들이 자녀들에게 독단적이고 이기적인 변덕을 부려도 좋다는 하나님의 인가(認可)가 아닙니다. 이 계명은 부모가 하나님을 위해 자녀를 양육하는 일을 지원해 주는 '선물'입니다. 성경에는 부모가 자기 편의를 위해 그것을 이용해서는 안 된다는 경고가 있습니다.

"자기 집을 해치는 사람은 바람만 물려받을 것이요……."(잠 11:29)

그러나 부모들은 너무도 자주 하나님이 자신에게 주신 권위가 '주 안에서의 훈육과 지도'를 위한 것이라는 사실을 완전히 무시한 채, 자기 마음대로 하기 위한 허가증으로 그 권위를 사용합니다. 이런 일은 부모에게 책임감이 심각하게 부족한 경우에 일어납니다.

존 업다이크의 단편 소설에 나오는 한 아버지가 자기 자녀를 바라보는 것처럼 부모들이 자녀들을 바라본다면, 권위에 수반되어야 할 기본적인 예의에 동조할 것입니다. "우리의 창조물이 아니라 우리의 손님으로서, 우리의 초대로 이 세상에 들어 오는 사람으로서……."10

세번째 통찰은, 권위는 강압적이지 않다는 것입니다. 부모의 권위는 우리의 주님이시며 왕이신 하나님이 주신 것이기 때문에, 우리가 할 수 있는 한 하나님과 같은 태도로 사용해야 합니다.

하나님은 자신의 권위를 **어떻게** 행사하십니까? 명백한 사실은 고압적으로 하시지는 않는다는 것입니다. 하나님은 강압적이지 않습니다. 초대 교회의 한 교부가 말했듯이, "폭력은 하나님의 속성이 아닙니다." 하나님은 깡패가 아닙니다. 폭군도 아닙니다. 하나님은 당신의 자녀들을 난폭하게 다루시지 않습니다.

하나님은 우리를 창조하시고, 필요를 공급해 주시며, 우리를 사랑하시고 훈련시키십니다. 그러나 우리에게 **강요**하시지는 않습니다. 고쳐 주시고 벌을 주시고 인내심 있게 지도하시며, 분명한 모범을 보여 주시고, 역사와 사건을 통해 훈련시키기도 하시지만, 우리에게 당신의 의지를 강제적으로 행사하시지는 않습니다. 하나님이 사용하시는 이러한 방식은 성경에 매우 분명하게 나타나기 때문에, 부모가 자녀에게 독재자처럼 굴면서 하나님의 권위로 그렇게 한다고 변명할 여지는 전혀 없습니다. 부모에게 자녀에 대한 권위를 주시는 그 하나님은 권위를 어떻게 사용해야 하는지도 보여 주십니다.

자녀가 어릴 때는, 간혹 부모의 의지를 강제로 행사함으로써 아이가 하기 싫어하는 일도 억지로 시켜야 할 필요가 있다는 것은 사실입니다. 우리는 자동차가 쌩쌩 다니는 길에서 아이들을 강제로 잡아챕니다. 맛이 역겨운 약도 억지로 먹입니다. 아이들이 학교에 가는 것보다 새로 산 장난감 기차와 놀기를 더 좋아할 때도 학교에 가라고 강요합니다.

그러나 장기적인 성장의 관점에서 볼 때 이러한 일들은 예외적인 경우입니다. 이러한 사례를 일반화하여 청소년의 세계에도 적용함으로써, 우리가 더 지혜롭고 경험도 더 많고 세상에 대해서도 더 많이 알기 때문에 우리가 원하는 대로 따라야 한다고 주장하는 것은 명백한 잘못입니다. 사실, 그렇게 할 수도 없습니다. 우리는 더 이상 그렇게 할 만한 힘도 없고, 그만큼 아이들과 함께 있지도 못하며, 그만큼 똑똑하지도 않습니다. 그리고 우리가 그렇게 되어야 하는 것도 아닙니다. 권위가 권위주의가 될 때, 권위는 도덕적 힘과 영적인 에너지를 잃어버립니다.

미국의 심리학자 에릭 에릭슨은 다음과 같이 썼습니다.

아이들을 때려서 복종시키는 장치를 발명한 사람은 거의 없다는 사실을 기억하는 것이 좋을 것이다. ……월등한 힘에 의해서건 인위적인 논리에 의해서건, 아니면 악의 있는 친절에 의해서건, 아이들을 때리는 장치는 어른이 어른 되어야 할 필요가 없게 만든다. 그런 사람은 자연스러운 설득력을 지닌 진정한 내적 우월성을 계발할 필요가 없다. 대신에 그는 매우 일관성 없고 자기 멋대로 하는 사람, 다른 말로 하면 '유치한 사람'으로 남아 있을 권한을 부여받은 채 자기 자녀에게는 성장하는 것이 바람직하다는 생각을 주입시킨다.

두려움 때문에 억지로, 남들이 보지 않을 때보다는 남들이 볼 때의 자신이 더 나은 양 가장하게 된 아이에게는, 장차 자신에게조차 기대하지 않는 도덕성을 다른 사람들에게 강요할 수 있는 야만적인 권력을 가지게 될 날만이 남아 있을 뿐이다.[11]

하나님이 그 백성에게 권위를 행사하시는 방법을 묘사하는 전형적인 단어는 히브리어 '무사르'(musar)와 헬라어 '파이데이아'

(paideia)입니다. 영어 성경에서는 일반적으로 이 단어를 '디서플린'(discipline)으로 번역합니다. 그런데 불행하게도 이 말은 '징벌'과 같은 뜻을 지니는 단어로 그 의미가 축소된 것 같습니다. 일상적인 대화에서 "자녀들을 훈련(discipline)시키십니까?"라는 말은 대개 "자녀가 못된 짓을 하면 매를 대십니까?"를 의미합니다. 이 단어를 사용해야만 한다면 원래의 의미(훈련과 지도)대로 사용해야 할 것입니다.

'훈련을 시키는 사람'(disciplinarian)은 사람들을 쫓아다니면서 그들이 잘못하면 잡아다가 '다시는 그런 짓을 하지 못하도록' 40대의 매를 때리는 사람이 아닙니다. 이 단어가 지니는 원래의 의미에 가까운 이미지는, '도제(徒弟)를 거느린 숙련된 기능공'의 이미지입니다. 그는 여러 해 동안 도제가 본받을 수 있는 모범이 되어 주고 도제에게 지침을 주며 격려해 주는 사람입니다. 도제의 잘못을 지적해 주고 기술을 직접 보여 주고 기준을 정해 주며, 형편없는 작품이나 성의없는 작품은 거절하는 사람입니다.

이 때 '훈련'은 어린 사람이 손윗사람의 성숙함을 보고 배울 수 있게 해 주는 개인적인 관계를 포함하고 있습니다. 그러므로 훈련의 핵심이면서 권위에 대한 가장 성경적 표현은, '성장을 지도하는 주의 깊은 관심'입니다.

성장을 위한 질문 Study Questions

1. 지난 날, 자신이 부모님의 권위에 도전한 적이 있는지 생각해 보십시오. 만일 그렇다면 어떤 식으로 부모님의 권위에 도전했습니까? 당신의 도전은 구체적으로 어떤 형태로 나타났으며, 부모님은 당신의 도전에 어떻게 반응하셨습니까?

2. 지금 당신의 십대 자녀들은 어떤 식으로 반항합니까? 당신의 가정에서 권위에 대해 충돌을 일으키는 핵심 쟁점들은 무엇입니까?

3. 부모로서 권위가 무시당할 때 기분이 어떻습니까? 그럴 때는 어떻게 합니까?

4. 누가복음 2장 41-51절을 읽으십시오(218-219쪽에 성경 본문이 실려 있음-엮은이). 이 이야기에 나오는 부모의 권위와 청소년의 반항 사이에서 어떤 긴장을 느낄 수 있습니까?

5. 권위를 행사하는 데 있어서 당신의 모델은 누구입니까? 당신의 가족 중 한 사람입니까? 역사 속의 인물입니까? 아니면 성경에 나오는 인물입니까?

6. 라이오넬 휘스튼이 한 다음의 말에 대해 토론하십시오.
"가정이나 국가의 독재자는 금방 보상을 받을 수 있는 방법을

"강요하지 마세요" 75

택한다. ······복종을 강요하는 부모는 '미묘한 긍지'를 느낄 수 있다. 그것은 개를 복종시키는 것과 매우 비슷한 감정이다. '착한' 아이들은 부모의 이익을 위해 사람들 앞에 전시될 수 있다."[12]

세대 차이에 대하여

❺ 어른들은 이해 못 해요

'차이'가 충돌로 퇴보하는 일이 많은 세상에서,

'세대 차이'는 개인적인 사랑과 믿음과 소망을 주고받을 수 있는 기회이지

이익을 추구하거나 우월성을 주장할 기회가 아니라는 것을 보여 주는 일에

부모 세대는 앞장 서야 합니다.

청소년기는 이해하지 못할 일들로 가득한 시기입니다.

청소년들은 자기의 감정과 생각을 표출하는 데 어려움을 겪으며, 의사소통이 잘 되지 않는 문제에 대해서 다른 사람을 탓하는 경우가 많습니다. 그리고 그들은 부모 세대가 청소년의 경험을 이해하지 못한다는 생각을 자주 합니다. 부모들이 이러한 생각에 동의하지 않는다면, 그저 "그렇지 않다"고 반박만 해서는 안 됩니다. 청소년들의 그러한 주장을 무산시킬 만한 실제적인 증거를 대야 합니다.

청소년들은 자주 자신이 오해받고 있다고 주장합니다. 그리고 **실제로도** 그들은 오해를 많이 받습니다. 나는 청소년들의 이러한 불평에 공감하며 그 문제를 어떻게든 해결해 보려고 노력하고 있습니다. 그러나 때로 청소년들(또는 그들 편이 되어 주어야 하는 사람들)은 자신들이 오해를 받은 경험을 하나의 교리(dogma)로 만들어 버리려고 합니다.

"세대 간에는 대화가 있을 수 없고, 어른들은 젊은이들의 말을 들어 줄 능력이 없다. 따라서 젊은이들이 어른들에게 이야기하려는 것도 결국에는 쓸모 없는 일이다."

이처럼 하나의 굳어진 신조가 되어 버리는 것입니다. 그러나 이것은 틀린 생각일 뿐 아니라 어리석기까지 합니다. 청소년들이 받는 오해에 대해서 부모들이 세심한 주의를 기울여야 하는 것은 사실이지만, '세대 차이'라는 도그마는 어리석은 사람들이 꾸며 낸 것으로 여기고 무시해도 됩니다.

우리가 살고 있는 이 시대는 의사소통을 기술의 문제로 보는 인식이 널리 확산된 시대입니다. 다시 말해, 전화기·라디오·텔레비전 등의 전자 기기들이 사람들끼리 서로 정확하게 대화할 수 있게 해 주며, 상대방이 하는 말을 제대로 이해하면서 들을 수 있게 해 준다고 생각하는 것입니다. 그러나 그런 증거는 어디에도 없습니다. 전자 기기들은 멀리 있는 사람과 대화할 수 있게 해 주고 한 번에 여러 사람과 이야기할 수 있게 해 주기는 하지만, 적어도 지금까지는 좀더 정확하게 말을 하고 좀더 집중해서 남의 말을 듣는 능력을 향상시켜 주지는 못했습니다.

전류가 증폭되었다고 해서 어떤 단어의 의미가 더 풍성해지는 것은 아닙니다. 마찬가지로 단 한 사람이 아니라 수백만의 사람이 들었다고 해서 어떤 문장이 더 분명해지는 것도 아닙니다. 부모와 청소년 자녀 사이의 의사소통이 개선되려면, 워크맨의 볼륨을 높이거나 더 큰 스테레오를 살 것이 아니라 할 말을 더 많이 만들고 듣는 법을 배워야 할 것입니다.

물론 세대 간에는 차이점이 있고 그 차이점은 오해를 부르기도 합니다. 사용되는 단어가 다르고 전제도 서로 다르며, 관심사와 요구도 다릅니다. 그러나 이러한 차이점들은 더러 오해를 불러일으키는 경우가 분명히 있지만, 의사소통을 원활하게 해 주기도 합니다. 왜냐하면 그러한 차이점으로 인해 이야기할 만한 가치가 있거나 상대방은 잘 모르는 것, 부모 혼자서는 생각해 내지 못하거나 청소년 혼자서는 발견하지 못하는 것들이 생기기 때문입니다.

이와 비슷한 문제를(세대 간의 대화가 아닌 세기 간의 대화에 대해) 지적하면서, 뉴먼은 다음과 같이 매우 지혜롭게 말한 바 있습니다. "심지어 오류에도 정보는 있다. 오류도 진리와 연관되어 있기 때문에, 우리는 오류를 허용할 수 있다."[13]

물론 바람직하지 않은 차이도 있습니다. 세찬 겨울 바람이 뚫고 들어오는 유리창과 창틀 사이의 틈새는 좋지 않습니다. 계속 벌어지는 보도 블록의 틈도 위험합니다. 그 틈은 사람들의 발가락을 붙잡아서 비틀거리게 하다가 결국 넘어지게 만듭니다.

그러나 그 밖에 다른 종류의 틈은 좋습니다. 예를 들면, 점화 플러그가 그렇습니다. 점화 플러그의 작동 장치는 전기 회로에 설치된 틈입니다. 전기는 이 틈을 통해서 불꽃을 일으키고 불꽃은 내연 기관에 있는 압축 가스에 불을 붙이게 됩니다. 이 틈이 없다면 불꽃은 일지 않을 것이고, 불도 붙지 않을 것입니다. 부모 세대와 청소년 세대 사이에 있는 틈은 바로 이와 같은 종류의 틈입니다.

그것은 고쳐야만 하는 '오류'이기는커녕, 보존해야만 하는 '설계'인 것입니다.

우리가 반평생을 알고 지낸 몇 명의 친구들과 함께 이야기하는 것보다, 세대 간의 대화를 나누는 일이 더 어렵다는 것은 의문의 여지가 없습니다. 그러나 중요한 것은 대개 어려운 법입니다. 부모와 청소년이 세대 간의 장벽을 뛰어 넘어서 대화하려고 노력하지 않았기 때문에, 루이스 멈포드가 비난한 것처럼 "오직 한 세대의 지식밖에 없는 오늘날의 참담한 결함"[14]이 생기게 되었습니다.

사도 요한은 자신의 편지에서 부모와 청소년을 분명하게 구별했습니다.

"이제 **아버지**(fathers)가 된 여러분에게 씁니다. 여러분이 항상 존재하셨던 그분을 알기 때문입니다. 그리고 원기 왕성한 **청년**(young men) 여러분, 여러분이 담대하게 악한 자를 물리쳤기 때문에 여러분에게도 이 편지를 씁니다."(요일 2:13 필립스역)

사도 요한이 보기에 부모 세대와 청소년 세대는 달랐습니다. 서로의 필요가 다르고 장점도 달랐습니다.

요엘 선지자도 세대를 구별해서 말했습니다.

"너희 늙은이는 꿈을 꾸며 너희 젊은이는 이상을 볼 것이며."(욜 2:28)

세대 간에는 차이가 있으며, 이처럼 차이가 있는 것이 하나님의 뜻입니다. 젊은 세대와 나이 든 세대는 각기 서로에게 특별한 기여를 할 수 있습니다. 차이가 없다면 서로 나눌 것도 없습니다. 그 틈이 메워진다면, 폭넓은 경험에 불을 붙일 '불꽃'도 없어질 것입니다.

'세대 차이'는 좋은 것이며 하나님의 창조적인 의도라는 점을 부모가 일단 확신하게 되면, 그 차이를 대화를 개선하는 자극제로 사용할 방법을 찾을 것입니다. 그리고 모든 세대를 똑같이 만들어 버리면 단조롭고 재미없는(게다가 비성경적인) 결과를 낳는다는 사실을 알게 되어 그러한 시도를 포기할 것이며, 세대 차이에 대한 통속적인 뜬소문(gossip)에 한몫 거드는 일은 하지 않을 것입니다.

부모와 청소년 자녀 간의 의사소통의 어려움을 선용(善用)하려면, 부모는 자신의 장점과 차이를 이해하고 계발함으로써 기회가 주어지는 대로 자녀와 함께 나눌 수 있어야 합니다. 부모가 '차이'의 필요성을 인식하지 못하고, 마치 청소년처럼 입고 말하고 행동함으로써 '손윗 세대'의 지위를 부인하려는 것은 불행한 일입니다. 부모가 청소년의 패션을 따르고 그들의 유행어를 따라 쓰고 그들의 소비 습관을 따라가는 것은, 청소년들에게 "나는 내가 속한 세대의 지위를 받아들이지 않는다. 나는 그것이 싫다. 거기에는 아무런 뜻도 의미도 없다"고 말하는 것과 같습니다.

또한 부모가 자신이 가진 지혜나 유용한 체험을 부인하면서 자조적인 태도로 자기 세대의 지위를 포기하는 것 역시 불행한 일입니다.

"정말이지 요즘은 **너무** 달라. 내가 다시 청소년이 된다면 난 정말 어떻게 해야 할지 모를 거야. 마약이니 에이즈니 뭐니 해서 모든 것이 너무 **끔찍하게** 혼란스러운 세상이야."

이러한 태도는 관계를 퇴보시킵니다. 이런 식으로 반응하는 부모들은 젊은 세대에게 아무런 **의미도** 주지 못합니다.

그뿐 아니라 부모가 자기 세대의 지위를 오용(誤用)하여, 허세와 독선을 부리며 청소년에게 공격적으로 폭력을 휘두르는 것도 불행한 일입니다.

"몇 년만 지나면 생각이 많이 달라질 거다. 내가 보장하지."

만일 부모 세대가 청소년 세대에게 반드시 '충고'라는 형태로 주된 기여를 해야 한다고 생각한다면, 점화 플러그는 금방 막혀 버릴 것입니다. 충고는, 살면서 얻게 된 장점과 그리스도인다운 목적에서 자연스럽게 우러나올 때에야 비로소 효과가 있는 법입니다.

다른 한편으로, 부모 세대가 자신의 지위에 대해 확고한 자신감을 발전시키는 것은 다행한 일입니다. 하나님은 시간과 역사 속에서 지금 이 시점에 일부의 사람들을 부모 세대가 되게 하셨습니다. 그렇기 때문에 청소년과의 관계에서 어른이 되는 일, 자녀와의 관계에서 부모가 되는 일에 대한 하나님의 부르심에 확고히 헌신할 수 있습니다.

부모 세대가 청소년 세대에게 독특하게 기여할 수 있는 한 가지는 친밀감을 획득하는 일입니다. 친밀감이란 자신을 다른 사람에게 완전히 드러낼 수 있는 능력입니다. 부모는 친밀해질 수 있는 능력을 가지고 있습니다. 자신에 대해서 확신이 없을 때는 감히 자신을 드러내지 못합니다. 만약 그런 상태에서 자신을 드러낸다면 거절당하고 상처받을 위험을 감수할 수밖에 없습니다.

청소년들은 대개 자신에 대해서 확신이 없으며, 친밀해지기를 몹시 바라면서도 서툴기만 합니다. 그들은 위험을 무릅쓸 만한 자신이 없습니다. 너무도 많은 두려움이 생기기 때문입니다.

'만약 상대방이 나의 사랑이나 우정, 또 나의 도움을 거절하면 어떡해야 하지? 만약 그렇다면 그것은 내가 사랑할 자격도 없다는 뜻이거나 나의 우정은 필요 없다는 뜻 아닐까? 아니면 나는 별 도움이 안 된다는 뜻이 아닐까?'

그러나 어른들은(전부는 아닐지라도 일부는), 자신에 대한 의심을 견뎌 냈으며 미지의 땅과도 같은 타인의 마음으로 과감히 나아가는 경험도 했습니다. 사람은 강할 때에야 비로소 자신의 연약함을 드러낼 수 있습니다. 부모 세대는 이러한 친밀감을 먼저 획득하고 나서 그것을 실제로 보여 줄 의무가 있습니다. 친밀해지는 일이 가능하다는 사실과, 그 모습이 어떠한지를 보여 주어야 하는 것입니다.

부모 세대가 가지고 있는 또 하나의 장점은 사람을 돌볼 수 있는 능력입니다. 남을 돌봐 주면서 관계를 맺어 가는 능력은 사람의 성숙함이 이루어 낸 업적입니다. 청소년도 남을 돌볼 때가 있지만, 다른 사람을 신실하게 돌봐 줄 수 있는 지속적인 힘과 정서적인 안정은 청소년의 특징이 아닙니다. 그것은 손윗 세대가 먼저 실천해 보임으로써 가르칠 수 있는 기술(skill)입니다.

사람을 돌보는 법을 배우는 것은, 애완 동물을 돌보는 법을 배우는 것과는 다릅니다. 애완 동물을 돌보는 법은 협박과 작업표와 보상 중심적 행동("개를 산책시키면 오늘 밤에 텔레비전을 한 시간 더 보게 해 주마")을 통해서 배웁니다. 그러나 사람을 돌보는 법은 먼저 자신이 돌봄을 받음으로써 배우게 됩니다. 따라서 부모 세대는 남을 잘 돌봐 주는 것만으로도 젊은 세대에게 남을 돌보는 법을 가르치게 됩니다. 세대를 뛰어넘어서 청소년이 자신을 돌봐 주는 사람과 관계를 맺게 될 때, 그들은 돌봄을 받는 유익을 얻게 될 뿐 아니라 남을 돌보는 기술도 습득하게 됩니다.

우리는 부모 세대가 쉽게 익힐 수 있는 긍정적인 자질들을 얼마든지 명시할 수 있고 강조할 수 있습니다. 우리 중 아주 소수의 사람에게서 발견되는 특질과 은사들만 항목별로 뽑아서 나열해 보아도, 세대 차이를 넘어 사랑과 희망의 불꽃을 일으키는 것들이 놀랍게도 많이 있음을 종종 발견하게 됩니다.

미국 성인들 중에는 자신이 비합법적인 관계를 통해 태어났을지도 모른다고 의심하는 사람이 많습니다. 그런데 자신에 대한 이러한 의심은, 때로 청소년에 대한 엄청난 복수심으로 표출되기도 합니다. 그러나 그리스도 안에서 자신감을 회복한 그리스도인은 그런 부정적인 관계에서 벗어나 청소년들과 이성적이고 예의바른 대화를 나눔으로써 사랑을 성숙시킬 수 있습니다.

청소년 세대도 의사소통의 오해를 해결하기 위해 무엇인가를 해야 할 책임이 있지만, 지금은 그것이 초점이 아닙니다. 청소년들은 자신의 삶에 정직해져야 하고, **자기** 세대 안에서 하나님께 순종하는 임무를 책임 있게 수행해야 합니다. 사도 요한이 쓴 것처럼 "강하여 악한 자를 이기고", 요엘 선지자가 쓴 것처럼 "이상을 보아야" 합니다. 한편 부모 세대는 자신의 최우선 책임을 받아들이고 임무를 수행하며, 다른 세대가 무슨 일을 하든지 안 하든지 그것에 대해 불평하지 말아야 합니다.

세대 간에는 강한 라이벌의식과 경쟁의식이 있는데, 이것이 창조적으로 사용될 수도 있고 파괴적으로 사용될 수도 있습니다. 아마 어른들보다는 청소년들이 그것을 더 예민하게 느낄 것입니다. 이러한 경쟁적 충동은 힘을 함께 공유하기보다는 상대를 쳐부수기 위한 전략을 낳을 때가 많습니다. 청소년들은 이기고 싶어합니다. 전쟁의 기술 중 하나는 '선전'(propaganda)입니다. "너희는 같은 전쟁터에서 우리와 싸울 만한 가치가 없다. 너희는 상대가 안 된다"는 사실을 상대방에게 확신시켜야 합니다. 그리하여 적들의 사기를 꺾으면 그들과 싸우지 않을 수도 있습니다.

따라서 청소년들이 "서른 살이 넘은 사람은 아무도 믿지 말라"고 하는 말은, 서른 살이 넘은 사람들에 대한 신중한 사회적 조사를 기초로 하는 말이 아닙니다. 그들은 '선전'을 하고 있는 것입니다. 사실상 그 말의 내용은 이렇습니다.

"성실과 신뢰는 인간이 반드시 갖추어야 할 요소들이다. 그것을 갖춘 사람만이 지도자가 될 자격이 있다. 나는 지도자가 되기를 원한다. 그 자격은 내가 더 많이 가지고 있다. 어쨌거나, 서른 살이 넘은 사람은 믿을 수 없다는 사실을 모르는 사람은 없을 테니까."

이런 논쟁에 감추어진 내용들을 아무도 검토하지 않는다면, 청소년들은 이런 말을 하고도 얼렁뚱땅 넘어갈 것입니다. 청소년들이 하는 이 말은 그들이 주장하는 상대방의 약점에 주의를 집중하게 해서 허풍선이인 자신들로부터 관심을 돌리게 하는 진짜 '허풍'입니다.

부모가 지켜야 할 기본적인 원칙은 '상대방이 나의 위치를 결정하게 하지 말고, 스스로 자신의 위치를 확실히 하라'는 것입니다. 청소년들은 많은 일에 재능을 가지고 있고, 많은 일에 소중하게 쓰임받을 수 있습니다. 그러나 부모 세대를 평가하는 일에는 재능이 없으며, 또 그렇다고 해서 부모들이 놀랄 것도 없습니다.

차이가 충돌로 퇴보하는 일이 많은 세상에서, 세대 차이는 개인적인 사랑과 믿음과 소망을 서로 나눌 수 있는 기회이지 이익을 추구하거나 우월성을 주장할 기회가 아니라는 것을 보여 주는 일에 부모 세대는 앞장 서야 합니다.

그러나 서로 간의 충돌이 위협적일 때라도 세대 차이를 모호하게 하거나 억압하려고 해서는 안 됩니다. 그러한 충돌이 있을 때는 잠시나마 좋은 관계를 누리고 싶은 마음에 차이를 모호하게 하고 싶은 유혹이 큽니다. 그것은 성숙한 사랑을 일시적인 호의로 대체하는 것입니다. 게다가 강제로 순응하게 함으로써 차이를 억압하는 더 야만적인 방법도 있습니다. 그러나 그것은 비도덕적이고 독재적인 기법일 뿐 아니라 쓸모도 없습니다.

부모는 세대 차이를 '생기 넘치는 대화를 통해 서로의 애정과 존경, 지혜, 즐거움, 꿈과 비전, 지식, 승리를 주고받을 수 있는 기회'로 받아들이는 성경적 통찰력과 관점을 얻을 수 있으며, 또한 직접 그런 경험을 할 수 있습니다. 차이는 늘 사랑의 즐거움을 더해 줍니다. 사랑하는 사람이 가진 차이는 끊임없는 관심과 놀라움, 그리고 기쁨을 불러일으킵니다. 젊은(또는 나이 든) 세대가 항상 상대방의 기대에 부합한다면, 도리어 사랑의 역량은 줄어들 것이고 기쁨의 경험도 밋밋해질 것입니다.

 지혜로운 부모들은 세대 간의 차이를 지키려 하고 그 차이를 기뻐합니다. 그런 부모들은 자신에게 남과 나눌 은사가 있다는 것을 압니다. 그리고 청소년들도 부모에게 유익을 끼칠 은사를 가지고 있다고 확신합니다. 그들은 늙은이의 꿈과 젊은이의 이상을 서로 주고받을 준비가 되어 있습니다. 이러한 주고받음은 성령님이 일으키시는 모든 새로운 운동의 특징이며, 그것은 대화에서 출발하는 경우가 많습니다.

성장을 위한 질문 Study Questions

1. 누군가와 대화를 나누거나 이야기할 것이 있을 때, 당신은 누구를 찾아갑니까? 당신이 가장 좋아하는 대화 상대는 누구입니까? 그 사람과 대화 나누는 것이 쉬운 이유가 있습니까?

2. 당신과 십대 자녀 사이의 주된 대화 주제는 무엇입니까? 전혀 논의되지 않는 주제와 가장 자주 논의되는 주제, 그리고 드물게 논의되는 주제는 무엇입니까?

3. 당신은 청소년 자녀와의 대화를 미리 계획합니까? 아니면 가정의 일과 속에서 그냥 자연스럽게 하게 됩니까?

4. 요엘 2장 28절과 요한일서 2장 13절에 나타난 세대 간의 구

분에 주목하십시오(82쪽 참고). 각 세대의 속성은 무엇입니까?

5. 당신의 삶의 현실 중에서, 자녀가 이해하지 못할 뿐 아니라 심지어 이해하려 하지도 않을 것이라고 생각하는 것은 무엇입니까?

6. 지난 몇 년 동안 당신이 새롭게 터득한 '듣는 기술'은 무엇입니까? 당신은 그 기술을 밖에서 사용하는 것만큼이나 가정에서도 잘 사용합니까?

7. 자녀의 삶의 현실 중에서 당신과는 무척 멀게 느껴지는 것, 이를테면 당신이 최근에 거의 경험하지 않았거나 관심을 가지지 않았던 것들은 무엇입니까?

신뢰와 불신에 대하여

❻ 왜 날 항상 못 믿으시는 거예요

청소년들이 부모의 신뢰를 저버리거나 부모를 실망시키는 것은 자연스러운 일입니다.

실패는 청소년기의 위대한 경험이며, 청소년기에 널리 퍼져 있는 경험입니다.

신뢰받을 만하다는 사실을 증명하지 못하는 것은 많은 실수 중 하나일 뿐입니다.

인생을 살아가면서 청소년기만큼 불안을 느끼는 때는 없습니다. 청소년은 변덕스럽고 모순됩니다. 성격이 형성되어 가고 있기는 하지만, 완성되려면 아직 멀었습니다. 이 엄청난 불안 때문에 청소년들은 신뢰하고 신뢰받을 필요를 상당히 많이 느끼게 됩니다. 이 시기 동안 부모는 그들이 기본적인 신뢰를 경험할 수 있도록 도와 주는 핵심적인 위치에 있습니다.

부모와 청소년 자녀 사이의 불신을 보여 주는 시나리오를 하나 살펴보겠습니다. 배경은 일반적인 미국인 가정입니다.

거실에는 CD들과 빈 콜라 병들이 여기저기 널려 있고, 흐트러진 복장을 한 십대 자녀가 거기 앉아 있습니다. 때는 토요일 늦은 아침, 11시경이라고 해 둡시다. 바로 그 때 깔끔하게 면도한 아버지가, 늘 잘 해 왔다는 자신감과 확신에 찬 남자의 모습으로 방을

휙 돌아봅니다. 둘 사이의 대화 내용은 해마다 여름이면 나오는 이야기입니다.

십대 아빠, 이번 주말에 친구들이 숲 속에 있는 밀러네 오두막 집에 간대요. 저도 갈 생각인데 괜찮죠?

부모 안 돼! 거기서 네가 무슨 사고를 칠지 누가 아니?

십대 왜 절 항상 못 믿으시는 거예요! 저는 나쁜 의도라고는 눈꼽만큼도 없는 일을 해도 되냐고 묻는 건데, 아빠는 무슨 난잡한 파티를 연상하시냐구요!

부모 내가 널 어떻게 믿니? 지난밤에 내가 자정까지는 차를 갖다 놓으라고 했는데, 몇 시에 가져왔지? 새벽 2시야. 수요일까지는 잔디를 깎는다고 했지? 지금 마당을 좀 봐라. 이웃 사람들이 염소 한 마리 사다 주지 않은 게 의아스러울 정도다. 내가 너를 믿을 수 있는 증거를 보여 줘 봐. 그럼 내가 널 믿지.

날이 지나면서 두 사람의 감정은 점점 굳어져 분노와 원한, 의심으로 변합니다. 아버지는 아들을 변덕스러운 충동, 통제되지 않는 욕망, 그리고 이기적인 요구로 뭉친 골칫덩어리로 보게 됩니다. 아들은 아버지를 아주 사소한 일이라도 반드시 끝을 보려고 병적으로 집착하는 완고한 독재자로, 그리고 이런 저런 문제에 대해서 이웃들의 의견을 예상하는 데는 전문가지만 자기 자녀가 어떻게 생각하고 느끼는지는 관심도 없는 사람으로 보게 됩니다.

그 결과, 부모와 청소년 간의 신뢰는 흔적도 없이 사라집니다.

두 사람 모두 서로를 최대한 나쁘게 보게 되며, 그러한 생각과 감정을 앞으로 자신들이 가질 관계에 투영시킵니다. 다른 누가 와서 그 두 사람 중 아무에게나 상대방을 신뢰하라고 격려하는 것도 그들에게는 순진한 발상으로밖에 보이지 않을 것입니다. 어쨌거나 두 사람 모두 서로를 불신할 만한 충분한 이유가 있지 않습니까?

이렇게 불행한 대화를 자주 하게 된다고 해서, 심지어 그것이 불가피하다고 해서 무슨 진전이 있는 것도 아닙니다. 어떤 일이 자주 일어나면, 그것이 아무리 나쁜 일이라 할지라도 우리는 일종의 심리적 마비 상태에 빠져들게 됩니다. 그 일이 끔찍하다는 것을 더 이상 **느끼지** 못하는 것입니다.

한 사람의 죽음은 개인적인 비극이 될 수 있지만, 수백만 명의 죽음은 역사책에 나오는 통계수치에 머물고 맙니다. 마찬가지로 오늘날 가족 안에서 신뢰를 잃는 일도 너무 자주 일어나기 때문에 많은 이들에게 그것은 일개 통계수치일 뿐입니다. 우리는 그것이 모든 사람에게 일어나는 일이라는 이유로 흔한 감기와 다를 바가 전혀 없다고 생각합니다. 감기처럼 그냥 버티면서 최대한 불평하지 않으면 된다고, 굳이 해결책을 찾느라 시간 낭비할 필요가 없다고 생각하는 것입니다.

그러나 어느 부모도, 그 중 특히 그리스도인 부모는 이렇게 가족이 서로 신뢰를 잃어버린 상태를 그냥 묵묵히 받아들여서는 안 됩니다. 그것이 단지 흔히 있는 일이라는 데 속아서 그냥 그대로 받아들이는 사람은 기독교의 복음이 가정에 주는 유익을 도난당하는 것입니다. 그리스도의 생명에는 가정생활을 변화시키고 존속시킬 통찰력과 힘이 있습니다. 하워드 클라인벨에 따르면, 부모는 "가정의 건축가"15입니다. 그들은 분위기를 바꾸고 신뢰를 다시 쌓을 수 있는 위치에 있으며, 그런 능력을 가지고 있습니다.

그리스도인 부모들은 신뢰를 가르치는 사람인 동시에 배우는 사람입니다. 그들은 부모의 위치에서는 신뢰를 가르치고, 개인의 위치에서는 신뢰를 배웁니다. 이렇게 그들의 '부모됨'은 그리스도를 믿는 믿음 안에서 새로워집니다.

아직도 부모의 기억 속에는 십대 자녀가 아기였을 때 신뢰를 가르쳤던 일이 남아 있을 것입니다. 아이는 자라면서 신뢰할 것이냐 말 것이냐의 문제를 온몸으로 겪게 되는 경험들을 많이 합니다. 세상은 힘들고 마음대로 되지도 않으며 반응도 없습니다. 바닥은 차갑고 음식은 제때 오지 않으며, 움직이는 것도 어설프고, 낯선 얼굴들이 흐릿하게 왔다갔다합니다.

그러나 부모가 신실하게, 언제나 애정어린 모습으로 함께 있었기에, 결국 부모는 아이에게 기본적인 신뢰를 심어 주는 데 성공하게 됩니다. 그것은 세상과 그 안에 있는 사람들이 자기 편이라는 느낌이며, 자신의 기본적인 요구가 충족될 가능성이 충분하다는 느낌입니다. 또한 그것은 장애물을 극복할 수 있다는 느낌이며, 자기 자신이 가치가 있고 무엇인가를 성취할 수 있다는 느낌입니다.

아이에게 기본적인 신뢰를 심어 준 결과는 흔히 걸음마를 배울 때 나타납니다. 아이들이 처음으로 위험을 무릅쓰고 똑바로 서서 불안하게나마 몇 걸음 가려고 할 때 우선 넘어지게 됩니다. 그러다 때로는 다치기도 합니다. 그러나 그것을 보고 꾸짖거나 때리는 부모는 없습니다. "그래, 네가 못 걸을 줄 알았다. 내가 그렇게 말했지?" 하고 말하지도 않습니다.

부모는 걸음마를 배우려면 많은 연습이 필요하다는 것을 알고 있고, 성공하기까지는 많은 실패가 있다는 것도 압니다. 만약 아이가 넘어질 때마다 매를 맞거나 꾸지람을 듣는다면, 아이는 아마도 걸음마를 포기할 것입니다. 아이 편에서는 기는 것이 훨씬 쉽지 않겠습니까? 문제도 적고 더 안전할 뿐 아니라, 확실히 벌도 덜 받을 테니 말입니다.

자녀가 걸음마를 배우면서 넘어지고 다치는 모습을 부모가 즐기는 것은 아니지만, 다시 걸어 보라는 부모의 격려는 끝이 없습니다. 아이가 실제로 경험하는 '실패'와는 달리, 부모는 끊임없이 "너는 할 수 있어, 계속 노력해 봐!"라고 말합니다. 아이가 하는 것으로 봐서는 그럴 만한 증거가 하나도 없는데도 어떻게 그렇게 확신할 수 있단 말입니까? 그것은 부모가 자녀의 성장과 발전의 역량을 믿기 때문입니다. 부모는 다른 사람들도 그 과정을 거쳤고 성공했다는 사실을 압니다. 그리고 자기 자신도 그 과정을 거쳤다는 것을 압니다.

청소년들은 걸음마를 배우는 것과 매우 흡사한 방법으로 신뢰받는 법과 신뢰하는 법을 배웁니다. 그러나 처음부터 그것을 터득해서 보여 주는 것이 아니라, 그 과정을 지나 온 사람들로부터 격려와 후원과 확인을 받으면서 배웁니다. 여기서 부모의 후원은 결정적입니다. 청소년이 미덥지 못한 모습을 보여 줄 때, 벌 주고 탓하고 불신하는 반응만을 보여 준다면 그들은 신뢰받을 만한 역량과 힘을 키워 나갈 용기를 거의 다 잃게 될 것입니다.

만일 부모가 자녀 스스로 신뢰받을 만하다는 사실을 증명해 보이기 전까지는 그를 신뢰하지 않겠다고 한다면, 신뢰는 분명 발전하지 못할 것입니다. 모든 청소년들은 아무 때나 아무 곳에서나 미덥지 못한 모습을 보입니다. 그렇게 하는 데 무슨 신비한 수수께끼가 있는 것이 아닙니다. 아직 통제 장치가 채 계발되지 않은 그들의 새로운 마음과 몸 속에는, 충동과 욕구, 아이디어와 꿈들이 서로 부딪치며 요란하게 움직이고 있습니다.

청소년들이 부모의 신뢰를 저버리거나 부모를 실망시키는 것은 자연스러운 일입니다. 그들은 실패도 할 것입니다. 실패는 청소년기의 위대한 경험이며 청소년기에 널리 퍼져 있는 경험입니다. 신뢰받을 만하다는 사실을 증명하지 못하는 것은 많은 실수 중 하나일 뿐입니다.

청소년 사이에 존재하는 가장 중요한 차이는 그 아이가 얼마나 신뢰할 만하느냐에 따라서 생기는 것이 아니라, 그 아이가 신뢰를 저버렸을 때 그 실패를 주위에서 어떻게 받아들이느냐에 따라서 생깁니다. 청소년은 신뢰를 받아야만 신뢰받을 만한 사람이 됩니다. 지금 우리는 부모로서 위험을 무릅쓰고 그들을 신뢰해 주며 그 결과를 감당할 준비가 되어 있습니까? 아기였던 자녀의 신체 발달 과정에서 보여 준 인내와 소망을, 십대가 된 자녀의 영적인 성품이 성숙하는 과정에도 동일하게 보여 줄 준비가 되어 있습니까?

그리스도인 부모들은 하나님이 자신을 어떻게 다루셨는지 생각해 볼 때 '신뢰의 역학'에 대해 좀더 깊은 통찰력을 얻을 수 있습니다. 그들은 자녀를 둔 부모로서 신뢰를 가르쳤고, 그리스도인으로서 신뢰를 배웠습니다. 그들은 아주 인격적인 방식으로 신뢰를 배웠기 때문에 청소년기에 부모 자녀 간의 신뢰를 무너뜨리는 스트레스들을 특별히 잘 다룰 수 있습니다.

우리는 성경에서 "하나님을 신뢰하라"는 말을 반복해서 듣습니다. 성경은 하나님이 우리 안과 세상 속에서 능력으로 승리를 이끄시며 일하시리라는 사실을 확신을 갖고 받아들이라고 요청합니다. 그러나 누가 하나님을 그렇게 신뢰할 수 있단 말입니까? 하나님의 능력과 사랑에 대한 정교한 논증들이 아무리 강한 논리로 제시되었다 하더라도, 그것이 하나님을 신뢰하게 하는 열쇠는 아닌 것 같습니다. 우리가 실제로 보게 되는 것은, 하나님이 사람을 어떻게 다루시는지를 개인적으로 체험했을 때에야 비로소 하나님을 신뢰한다는 사실입니다. 그럼으로써 사람들은 자기 자신은 합당하지 않지만 하나님께서 그리스도를 통해서 자신을 받아 주신다는 사실을 알게 됩니다.

"우리가 아직 죄인되었을 때에 그리스도께서 우리를 위하여 죽으심으로 하나님께서 우리에게 대한 자기의 사랑을 확증하셨느니라."(롬 5:8)

하나님은 부르시고, 우리는 그 부르심에 응답합니다. 하나님은 용서하시고, 우리는 그 용서를 받아들입니다. 하나님은 우리가 기꺼이 신뢰할 만하게 행동하시고, 우리는 그 하나님을 신뢰합니다. 우리 존재의 가장 핵심에 있는 문제들은 모범적인 실천을 보면서 배우게 됩니다. 우리를 위해서, 우리에게 행해진 진리를 보고 배우는 것입니다. 하나님은 예수 그리스도 안에서 그 모범을 보여 주셨습니다. 우리가 보고 따라 할 수 있도록, 먼저 그렇게 하셨습니다.

사도 요한은 말합니다.

"우리가 사랑함은, 그가 먼저 우리를 사랑하셨음이라."(요일 4:19)

그리스도인이 하나님을 신뢰하게 되는 것은, 하나님을 신뢰해야 한다는 논쟁에 설득당해서가 아닙니다. 그것은 자신이 사랑스럽거나 사랑받을 만하지도 않고 믿을 만하지도 **않았을** 때에, 하나님께서 사랑으로 대하시고 용납하시며 믿어 주셨기 때문입니다. 이것이 바로 모든 그리스도인들이 공통으로 가지고 있는 하나님에 대한 기본적인 신뢰입니다.

우리가 그것을 어떻게 얻게 되었는지, 어떻게 우리 자신이 하나님을 신뢰하기에 이르렀는지를 기억하는 것은 매우 중요합니다. 꾸지람을 듣거나 난폭한 대우를 받거나 설득당해서 그렇게 되지 않았다는 것은 확실합니다. 오히려 우리가 신뢰할 수 있도록 행하시는 하나님을 그리스도 안에서 체험했기 때문에 신뢰하게 되었습니다. 신뢰를 받음으로써 신뢰하는 법을 배운 것입니다.

바로 이러한 체험 때문에 그리스도인 부모는 청소년 자녀에게 신뢰를 보여 주고 함께 나눌 준비가 되어 있는 것입니다. 신뢰가 너무도 많은 긴장과 혼란의 영향을 받게 되는 몇 년의 세월과, 신뢰할 만한 객관적인 이유가 전혀 없는 숱한 사건의 와중에도, 하나님과 인간 사이에 일어난 그 신뢰의 경험은 어떻게 신뢰를 배우는지를 끊임없이 상기시켜 줍니다.

우리의 자녀들이 아무리 많이 신뢰를 저버릴지라도, 그들이 아무리 신뢰받을 만하지 못할지라도, 그리고 부모와 청소년 사이의 불완전한 사랑 때문에 신뢰하는 일이 아무리 힘들지라도, 신뢰는 항상 회복되고 확립될 수 있습니다. 하나님이 당신의 자녀들 안에 신뢰를 확립하시고 키워 가시는 방법은, 먼저 행동하시는 것입니다. 그리고 당신이 하시는 말씀의 의미를 모범적 실천을 통해 보여 주시는 것입니다. 이것은 가족 안에서 신뢰를 쌓기 원하는 그리스도인 부모들에게도 가장 좋은 본보기가 됩니다.

십대 자녀가 "왜 날 항상 못 믿으시는 거예요"라고 말할 때, 많은 부모들은 다음과 같은 말로 반응하는 것을 배웠습니다.

"네게는 분명 그렇게 보인다는 것, 나도 알고 있다. 그리고 그것이 나의 문제라는 것도 인정해. 하지만 **항상**이라는 말은 쓰지 말자. 나는 과거에도 너를 상당히 믿었고, 앞으로는 더 많이 믿을 거야. 그보다도 이건 서로를 신뢰하는 법을 배우는 문제인 것 같지 않니? 인생에서 내게 가장 중요한 것은 하나님을 신뢰하는 거란다. 하나님의 은혜를 진실로 의지하고 믿으며 사는 거지. 아마도 믿음이 가장 적합한 말이겠다. 네가 잘 알다시피, 내가 그것을 잘은 못하지만 노력하고는 있어. 그리고 그렇게 노력을 하면서 인생이 전과는 아주 많이 다르다는 것을 알아 가고 있어. 하나님에 대한 기본적인 신뢰가 발전되니까, 그것이 넘쳐서 다른 사람과의 관계에까지 흘러 들어가고 있단다.

하나님이 내 안에서 일하시는 것처럼 그들 안에서도 일하고 계시며, 그들을 사랑하신다는 사실을 나는 알아. 그래서 그들을 나쁘게 보려고 하고 그들의 죄를 캐 내려고 하는 대신에, 하나님의 사랑이 그들 안에서 작용하는 증거를 보게 되기를 계속해서 기대하게 돼. 그리고 내가 갈수록 하나님을 더 많이 신뢰하고 있다는 사실을 알게 되었단다.

나는 우리가 서로에 대해서도 이러한 신뢰를 지금까지보다 더 많이 쌓을 수 있다고 생각해. 우리가 하나님을 신뢰하면서, 그 신뢰가 넘쳐서 우리의 감정과 서로에 대한 우리의 기대에까지도 흘러 들어오기를 기대할 수 있어.

자세히 살펴보면 말이야, 우리 두 사람 다 별로 신뢰할 만한 사람은 아니란다. 하지만 우리 안에 살아 계시고 우리 안에서 일하시는 하나님은 그렇지 않아. 그것을 확신할 수 있기 때문에, 우리는 서로에 대한 신뢰를 더 키워 갈 수 있는 거란다."

성장을 위한 질문 Study Questions

1. 당신의 자녀는 어떤 부분에서 안정감을 잃고 불안해하는 것 같습니까? 그들의 감정을 느껴 보는 시간을 가지십시오. 당신이 청소년이었을 때 느꼈던 불안은 무엇입니까?

2. 당신은 자녀들과 어떤 신뢰 관계를 쌓고 있습니까? 당신은 어

떤 영역에서 그들을 신뢰하십니까? 당신의 신뢰 또는 불신을 어떻게 나타냅니까?

3. 인생의 현 시점에서 당신이 직면하고 있는 불안은 무엇입니까? 주로 건강, 직장, 죽음, 자녀에 대한 것입니까? 아니면 그외 다른 분야에 대한 것입니까? 하나님의 신실하심에 대한 당신의 신뢰는 당신의 성장을 어떻게 인도합니까?

4. 당신은 하나님과 어떤 신뢰 관계를 가지고 있습니까? 당신은 하나님에 대한 신뢰를 어떻게 나타냅니까? 하나님은 당신을 어떻게 다루십니까?

5. 시편 91편은 하나님에 대한 신뢰를 나타내고 있습니다. 이 본문을 읽고 '신뢰의 요소'들에 대해서 토론하십시오(219쪽에 성경 본문이 실려 있음-엮은이). 이 시편 기자는 어떤 경험을 통해서 하나님을 신뢰하게 됩니까?

6. 신뢰를 받아 본 경험과 신뢰받을 만한 성품은 함께 갑니다. 자녀에게 그러한 성품을 격려하고 발전시키기 위해서 당신은 어떤 일들을 하고 있습니까?

옛 사랑과 새 사랑에 대하여
❼ 날 사랑한다면, 허락해 주셨을 거예요

청소년은 더 이상 예전과 같은 방식으로 사랑을 필요로 하지 않고,

부모는 더 이상 예전과 같은 형식으로 사랑을 주지 못합니다.

옛 사랑은 빨리 포기하면 할수록 좋습니다.

그리하여 새로운 사랑을 빨리 배우면 배울수록 좋습니다.

청소년기에는 부모와 자녀 간의 기본 관계인 사랑의 관계가 혼란에 빠져듭니다. 지금까지는 아무 문제 없이 만족스럽던 서로 간의 사랑에 문제가 생기기 시작하면서, 더 이상 그 사랑에 만족할 수 없게 됩니다. 이러한 혼란 속에서 사랑 그 자체에 의문이 제기됩니다. 양쪽 모두 상대방의 사랑을 의심하게 되는 것입니다. 이것은 당연한 일입니다. 새롭게 바뀐 현실에 옛 연인들은 더 이상 어울리지 않는 법입니다.

자녀와 함께 12년에서 16년 동안을 살아온 부모라면 누구나 그 자녀를 '사랑' 합니다. 그 점에 대해서는 의문의 여지가 없습니다. 부모는 뼛속 깊이 사랑을 느낍니다. 그 사랑의 정도를 입증해 줄 경험도 그 동안 풍부하게 축적되어 있습니다.

병든 아이를 돌보며 잠 못 자던 긴 밤들이 있었고, 다친 아이를 안고 정신 없이 병원으로 달려가던 일들, 단어와 숫자의 신비를 안고 씨름하는 아이의 말을 들으며 보냈던 인내의 시간들, 순진한 아이가 새로운 학교와 이웃들 속에서 난처해하고 곤혹스러워 하는 것을 보면서 조용히 억눌렀던 아픔들이 있었습니다.

부모들은 이 모든 일들과 그 외 더 많은 일들을 사랑이라고 생각하며 경험했습니다. 그 사랑이 보상을 받지 못한 것은 아닙니다. 자녀가 갓난아기였을 때는 아이에게 집중적으로 애정을 쏟아 부을 수 있었고, 엄마 아빠 노릇을 하면서 흐뭇함을 느꼈습니다. 아이가 자라는 동안에는 누군가가 자신을 필요로 한다는 사실이 주는 만족과 자신이 가치 있는 사람이라는 것, 그러니까 자신의 돌봄과 인도와 보호가 쓸모가 있다는 사실을 아는 데서 오는 만족을 누릴 수 있었습니다.

무엇인가를 발견하는 기쁨과 배움의 기쁨, 그리고 애정의 기쁨도 공유할 수 있었습니다. 매우 외로울 수도 있었던 시간들을 아이가 밝게 해 주었습니다. 다른 때 같으면 매우 성가실 수도 있었던 일들이 아이 때문에 의미가 있었습니다. 그 동기가 아무리 사심 없는 것이라고 할지라도, 부모의 사랑은 언제나 큰 보상을 받습니다. 어떻게 보면 아이에 대한 부모의 사랑만큼 그토록 다양한 경험들 속에서 기쁨을 누리게 되는 사랑은 없습니다.

그러나 청소년기는, 유년기 동안 대개는 매우 만족스럽게 발전해 온 사랑의 형태를 '방해' 합니다. 이 방해의 정체가 무엇인지는 분명하지 않습니다. 그것은 변덕스럽고 체계적이지도 않으며 혼란스럽게 나타납니다. 부모들은 그토록 오랫동안 자신이 표현해 왔던 사랑의 방식이 왜 더 이상 소용이 없는지 이해할 수 없어합니다. 청소년들은 자신이 그토록 오랫동안 체험해 왔던 사랑의 방식이 왜 더 이상 만족스럽지 않은지 이해할 수 없어합니다. 결국 그들은 좌절감 속에서 외칩니다.

"나를 사랑한다면 내 마음대로 하게 해 주셨을 거예요!"

이 때 부모들은 자기 점검을 하게 됩니다.

'내가 이 아이를 제대로 사랑한다면, 왜 얘가 이렇게 불만스러워할까? 왜 나의 사랑이 예전과 같은 결과를 가져 오지 않는 것일까?'

이 때까지 청소년들이 주로 경험한 사랑은 자신의 '필요를 충족시켜 주는 사랑'이었습니다. 부모의 사랑은 자신을 만족시켜 주는 사랑이었습니다. 그렇다고 그 사랑이 대책 없이 관대했던 것은 아닙니다. 대개 한계가 있었고 허락이 안 되는 일도 있었지만, 전반적으로 청소년들이 두드러지게 겪었던 체험은 기본적인 욕구를 만족시켜 주는 사랑이었습니다.

그러나 청소년기에는 다른 욕구들이 추가됩니다. 자신을 표현하려는 욕구, '나 자신'이 되고픈 욕구, 스스로 개인적인 결정을 내리려는 욕구, 의지력을 실천하고픈 욕구가 더해지는 것입니다. 부모는 이러한 욕구들을 어린아이의 욕구를 만족시킨 것과 같은 방식(필요를 채워 주고, 격려하고, 기대하고, 계획하고, 이해하는)으로 만족시킬 수는 없습니다. 따라서 부모의 사랑을 통해서 욕구를 충족시키는 데 익숙한 청소년과, 자신의 사랑이 자녀에게 일으키는 변화를 보는 데 익숙한 부모 모두가 불만스러운 것입니다.

그리스도인 부모들은 기독교 전통을 모르는 사람들에 비해 이러한 딜레마에서 벗어나는 길을 발견하는 데 특별한 이점을 가지고 있습니다. 기독교 안에는 매우 운 좋게도 '사랑'이라는 항목 아래 뭉뚱그려진 복잡하기 짝이 없는 경험들에 대해 깊이 생각하고 되새겨 온 신학자들과 학자들이 있습니다. 그들은 혼란스러워 하는 사람들에게 명쾌한 설명을 해 주며, 곤혹스러워 하는 사람들을 인도해 줍니다.

교회의 신학적 전통은 사랑을 네 가지로 구분했습니다. 이러한 구분은 자기 자녀를 사랑하면서 겪는 혼란 속에서 방향을 찾고자 하는 부모들에게는 희소식이 될 것입니다.

사랑의 첫번째 종류는 '애정'(affection)입니다. 이것은 사랑 중에서도 가장 자연스러운 것입니다. 이것은 우리가 어떤 일을 하건 하지 않건 간에 생겨나는 사랑입니다. 이것은 마치 인생의 자연스러운 부분인 양 자라납니다. 이 사랑은 뽐내지도 않고 아무 것도 요구하지 않으며, 아무런 약속도 필요로 하지 않습니다. 또한 어떤 대상이나 사람이 애정을 받을 만한 가치가 있는지 묻지 않습니다. 그저 느껴지기 때문에 애정을 느끼는 것입니다. 한 그리스어 사전은 이 단어를 "애정, 특별히 부모가 자녀에게 쏟는 애정"이라고 정의하고 있습니다.

C. S. 루이스는 '요구하는 사랑'(Need-love)과 '주는 사랑'(Gift-love)을 구별하면서, 부모가 자녀에 대해 가지는 애정 안에 이 두 가지 사랑이 상호 연관되어 있다고 보았습니다.

아이가 '요구'를 가지고 있고 '요구하는 사랑'을 한다는 것은 명백하다. 또 어머니가 아이의 필요를 채워 '주는 사랑'을 한다는 것도 명백하다. 어머니는 아이에게 생명을 주고, 젖을 주며, 아이를 보호해 준다. 그런데 다른 측면에서 볼 때, 아이에게 생명을 주지 않으면 어머니 자신이 죽는다. 젖을 물리지 않으면 어머니 자신이 고통스럽다. 바로 이 점에서 어머니의 애정 또한 '요구하는 사랑'이 된다. 여기에 역설이 있다. 이 때 어머니의 사랑은 '요구하는 사랑'이지만, 그 사랑이 요구하는 것은 바로 주는 것이다. 또한 어머니의 사랑은 '주는 사랑'이지만, 그 사랑을 주려면 누군가의 요구가 있어야 한다.[16]

그렇지만 청소년기에는 이 감탄할 만한 '주는 사랑-요구하는 사랑'의 공생 관계가 끝이 납니다. 청소년은 더 이상 예전과 같은 방식으로 사랑을 필요로 하지 않고, 부모는 더 이상 예전과 같은 형식으로 사랑을 주지 못합니다. 청소년에게는 여전히 채워야 할 욕구가 있고 부모에게도 여전히 나누어 줄 사랑이 있지만, 그 두 가지가 그렇게 매끄럽게 맞물리지는 않습니다. 양쪽 모두 상대방이 자신의 욕구를 더 이상 채워 주지 못한다는 사실을 발견합니다. 그 사실을 먼저 알리는 쪽은 대개 청소년입니다.
다음으로는 '우정'(friendship)이라고 하는 사랑이 있습니다. 그것은 공통된 관심사와 동일한 경험에 기초한 사랑입니다. 이 사랑에는 사귐과 대화가 있습니다. 노동자들은 종종 공동의 임무에 힘을 쏟으면서 그 사랑을 발견하게 되고, 운동선수들은 때로 경기 속에서 경쟁과 협동을 오가면서 그 사랑을 발견하게 됩니다. 그것은 근본적으로 동료들 간의 관계입니다. 그것은 상호성을 강조합니다. 각 사람은 상대방에게 줄 것이 있고, 상대방으로부터 받을 것이 있습니다. 각 사람은 상대방을 존중하고 존경합니다.

약한 자와 강한 자, 노예와 자유인, 부자와 가난한 자 사이에는 우정이 있을 수 없습니다. 물론 그런 사회적인 구분을 무의미하게 만드는 좀더 본질적인 어떤 것이 두 사람 사이에 생겨서 그런 호칭들이 대수롭지 않게 보인다면 이야기가 달라지겠지만 말입니다.

한 쪽은 줄 것이 너무 많고 다른 한 쪽은 받을 것이 너무 많은 부모와 자녀의 관계에서는 우정이 가능하지 않은 것으로 보일 수 있습니다. 그렇지만 그 관계에서도 우정은 생겨납니다. 예를 들어 부모가 아이들의 세계 속에 들어갔다고 상상하면서, 마치 장난감 병정들의 세계에 있는 것처럼 행동하며 요정들과 노는 즐거움에 빠져들 때 우정을 느낄 수 있습니다. 아이가 상상 속에서 어른이 되어 아버지와 어머니의 일상적인 일의 세계에 들어가 부모의 동료가 될 때에도 우정을 느낄 수 있습니다.

그러나 이러한 체험들은 짧게 끝날 수밖에 없습니다. 현실이 개입하기 때문입니다. 그리고 한 해 한 해 지나면서 서로 편안하게 동무가 되어 우정을 나눌 수 있었던 공상들은 사라지게 됩니다. 흉내내고, 공상하고, '함께 노는' 순간들은 갈수록 줄어들다가, 결국에는 아예 사라지고 맙니다. 청소년이 되면 진짜 또래들 사이에서 우정을 찾게 되고, 따라서 부모는 또 하나의 '사랑'을 빼앗기게 됩니다.

세번째 사랑은 '에로스'(eros)입니다. 이 사랑은 낭만적인 기대로 가득한 사랑이며, 우리가 "사랑에 빠졌다"고 부르는 상태로서 보통 성(性)의 영역을 포함하는 사랑입니다. 이것은 사랑하는 대상 안에서 완성을 추구하는 사랑입니다. 이것은 상대방과의 연합에서 행복을 기대하는 사랑입니다. 이 사랑은 갈망과 욕망에 의해서 촉진되며, 상대방과의 합일(合一)로 온전하게 되기를 바라는 희망에 의해 활성화됩니다.

비록 성적인 행위가 새로운 합일체를 소망하는 서로 다른 두 성(性) 간의 결합을 상징하기는 하지만, 이 사랑에는 성보다 훨씬 더 많은 것들이 포함되어 있습니다. 고대 희랍인들과 현대의 프로이트 학파가 증언하는 것처럼, 모든 부모와 자녀 사이에는 이러한 사랑의 요소가 있습니다. 비록 이 사랑은 연인이나 부부 사이에서 전형적으로 나타나지만, 가족을 포함한 모든 친밀한 관계에는 그 사랑의 흔적이 있습니다.

좀 안다 하는 심리학자들은 비웃을지 모르지만, 이 사랑은 전혀 신경증적인 것도 비정상적인 것도 아닙니다. 부모가 자녀에게 비할 바 없는 온전한 느낌을 전달할 때, 부모와 자녀가 함께 굉장한 황홀감을 맛보는 순간들이 있습니다. 에로스의 갈망에는 훨씬 못 미치지만, 그 갈망과 분명히 관계가 있는 풍성한 느낌을 맛보는 경우가 부모와 자식 사이에는 있습니다.

그러나 이것도 청소년기의 도래와 함께 끝이 납니다. 청소년들은 부모가 안아 주거나 보듬어 주는 것을 원하지 않습니다. 그들은 부모의 충족되지 않은 정체성을 완성해 주는 존재이고 싶지 않은 것입니다. 그들은 몸 속에서 에로스가 자신을 이리저리 당기는 것을 느끼지만, 그들이 찾는 충족의 대상은 부모가 아닙니다.

사실상 모든 문화는 이러한 감정을 공식적인 금기로 조심스럽게 막아서, 부모와 자녀 사이 혹은 남매 사이에서 에로틱한 하나됨을 이루려고 하는 실험적인 시도를 하지 못하도록 하고 있습니다. 따라서 남편과 아내 사이에서 일반적인 이 사랑은 부모와 자녀 사이에까지 확장되기도 하지만, 후자의 관계에서는 더 이상 발전되지 않습니다.

부모와 자녀의 삶을 성숙시켜 주는 사랑 중에서 영원히 지속되는 것은 하나도 없습니다. 한 가지 사랑만 지속되는 관계에는 미래가 없습니다. '애정'이 연장된다면 자녀는 항상 의존적이 될 것이고, 부모는 노예가 될 것입니다. '우정'이 연장된다면, 공상의 삶이 실제 세계를 대신하게 될 것입니다. '에로스'를 장려한다면, 그 결과는 근친상간이 될 것입니다.

그러나 또 하나의 사랑이 있습니다. 에머슨은 "반쪽짜리 신들이 물러가면 / 진짜 신들이 나타난다"고 했습니다. 이 말은 지금 이 경우에도 적용될 수 있습니다. 앞서 설명한 세 가지 사랑이 실제로 떠나 버리는 경우는 없지만(운이 좋은 사람들에게는 놀랍게 그 기능이 지속됩니다), 네번째 사랑, 즉 신약성경의 저자들이 **'아가페'** (agape)라고 지칭한 사랑이 없이는 성숙해질 수 없습니다. 이 사랑이 없을 때 부모와 청소년 자녀 간의 사랑은 건강하게 성장하지 못한 채 생기를 잃고 말라 버리거나, 서로의 기대가 계속해서 어긋남에 따라 증오와 분노를 느끼게 됩니다.

이 네번째 사랑은 상대방의 본성을 있는 그대로 보며, 그 본성에 맞는 일들을 하기 위해 기꺼이 움직입니다. 이 사랑은 느낌이나 체험이나 욕구가 아니라 결단입니다. 이 사랑은 상대방이 충족되기를 **의지적으로** 바랍니다. 이 사랑은 하나님이 당신의 백성들에게 보여 주신 바로 그 사랑입니다. 이 사랑은 상대방의 필요를 악용하거나 무엇을 달라고 요구하지도 않습니다. 이 사랑은 상대방 안에 있는 것을 즐기고자 하며 자신이 가진 것을 나누기 원합니다.

이 사랑은 예수님이 당신의 모든 말과 행동에서 보여 주신 바로 그 사랑입니다. 예수님의 사랑은 누구도 결코 할 수 없는 방식으로 우리를 자유롭게 함으로써 우리 자신의 모습을 찾을 수 있게 했으며, 우리로 하여금 하나님께 사랑으로 응답할 수 있게 해 주었습니다. 이러한 사랑의 반응은 어떠한 의존 의식이나 의무에 대한 자각으로 생겨날 수 있는 것이 아닙니다.

그리스도인 부모는 이 네번째 사랑을 전문적으로 다루고 있는 전통, 즉 기독교 전통 속에서 살고 있습니다. 청소년기에 옛 사랑이 쓸모 없이 되어 버릴 때, 또 하나의 사랑이 바로 가까이에 있습니다. 옛 사랑을 유지하려고 하는 그 어떠한 노력도 실패하게 되어 있습니다. 물론 많은 사람들이 그 씨름을 계속하기로 결심한 듯이 보입니다. 그러나 그들은 성공하지 못할 것입니다. 옛 사랑은 빨리 포기하면 할수록 좋습니다. 새로운 사랑은 빨리 배우면 배울수록 좋습니다.

프랑스의 소설가이자 비평가였던 레옹 블루와는 이렇게 쓴 적이

"날 사랑한다면, 허락해 주셨을 거예요"

있습니다. "자신의 환상을 잃어버리지 않은 부르주아는 날개 달린 하마와 같다."[17]

부모의 경우도 마찬가지입니다. 그 환상의 목록 가운데서도 가장 위쪽에 있는 것은, 옛 사랑이 그저 영원히 계속될 수 있다는 생각입니다. 유아기와 유년기 동안 습득되고 양육된 사랑은 이제 더 이상 써먹을 수가 없습니다. 이제는 또 다른 사랑을 받아들이고 실천해야 합니다. 이 사랑은 복음서에 설명되어 있고, 신학자들이 강해했으며, 가장 기독교적인 강단들에서 설교된 사랑입니다.

고린도전서 13장은 사도 바울이 사랑에 대해 묘사하고 있는 본문으로, 결혼식 때 자주 읽히며 그렇게 읽히는 것이 당연합니다. 왜냐하면 이 진리에 의해서 세워지고, 확장되고, 새롭게 될 수 없는 사랑은 없기 때문입니다.

그러나 이 말씀을 자녀의 열세번째 생일에 부모에게 읽어 주는 것이 더 적합할지도 모르겠습니다. 자연적 사랑의 결점과 한계를 흡수하며, 우리를 향한 하나님의 사랑의 능력 아래 우리의 인간적인 사랑을 내려 놓게 만드는 또 다른 사랑을 보여 주는 일종의 플래카드로서 말입니다. 그것은 우리가 하나님의 자녀로서 알게 된 모든 사랑의 예(例)와 경험들이, 우리 자녀와의 관계에도 사용될 수 있게 우리 가까이에 있다는 신호가 될 것입니다.

청소년기에서 성인기로 넘어가면서 청소년들은 아무도 자신을 원하지 않고 받아 주지 않으며, 사랑해 주지도 않는다고 느낄 때가 있습니다. 부모도 마찬가지 경험을 합니다.

양쪽 모두에 대해, 애정과 우정, 그리고 에로스는 할 수 있는 데까지 그들을 끌고 왔습니다. 이제는 **아가페**를 배울 때입니다. 그것이 쉽지는 않지만, 경험하거나 배울 **아가페**가 없는 것보다는 훨씬 더 쉬울 것입니다.

성장을 위한 질문 Study Questions

1. 당신의 자녀가 "엄마(아빠)가 정말 싫어요"라거나 적어도 그와 비슷한 정도의 말을 한 적이 있는지 생각해 보십시오. 만일 그렇다면 자녀가 이러한 말을 내뱉게 된 경위는 무엇입니까? 그 말이 진심이라고 생각합니까? 그 말 이면에 있는 자녀의 경험이나 감정은 무엇이라고 생각합니까?

2. 당신의 십대 자녀에게 "네가 정말 싫다, 네가 지겹다, 지긋지긋하다"라고 말했거나 말하고 싶었던 적이 있습니까? 그 중에서 한 가지 사건의 경위를 설명해 보십시오. 당신의 말 이면에는 어떤 경험과 감정이 있었습니까?

3. 당신이 각각 배우자, 애완 동물, 취미생활, 가장 친한 친구, 자녀, 부모, 직업을 사랑하는 방식을 구별해 보십시오. 이 모든 것이 내용은 다르지만 '사랑'일 수 있다는 것을 가능한 명확하게 이해하도록 하십시오.

4. 당신의 사랑이 발전하고 성장한 방식을 이야기해 보십시오. 지

금 배우자에 대한 당신의 사랑은 당신이 청소년이었을 때 경험한 '첫사랑'과 어떻게 다릅니까? 지금 부모에 대한 당신의 사랑은 당신이 여섯 살이었을 때와 어떻게 다릅니까? 또 십대 자녀에 대한 당신의 사랑은 자녀가 유아였을 때와 어떻게 다릅니까?

5. 고린도전서 13장을 읽으십시오(220쪽에 성경 본문이 실려 있음-엮은이). 그 본문에 나오는 말 중에서 아들 또는 딸에 대한 당신의 사랑이 성장하도록 자극을 주고 그 성장을 구체화하는 데 중요하다고 생각하는 것은 무엇입니까?

도덕성의 눈뜸 앞에서

❽ 엄마 아빤 위선자예요

청소년들은 위선자라고 하는 경멸의 말을 꽤 마구잡이로,

그리고 종종 부정확하게 사용합니다.

어떤 때는 단순히 죄인—완전하지 않은 사람, 잊어버리기도 하고

짜증내기도 하고 잘못 판단하기도 하는 그리스도인—의 동의어로

사용하기도 합니다.

청소년들은 추상화하는 능력을 계발함에 따라 일반적인 원리를 만들어 내고, 그 원리를 가지고 특정한 상황에 적용하는 법을 배웁니다. 그 원리가 대수학(代數學, 수 대신 문자를 써서 수의 성질이나 관계를 연구하는 수학의 한 갈래)의 형태로 나타날 때는 문제 풀이에 적용하지만, 도덕의 형태로 나타날 때는 부모에게 적용합니다. 그 때 부모들은 자기가 가르쳤던 것이 자기 자신에게 되돌아오는, 썩 유쾌하지 않은 경험을 하게 됩니다.

 십대의 아들이나 딸로부터 "엄마 아빠 위선자예요!"라는, 매섭게 후려치는 듯한 비난을 듣는 것은 부모가 가장 견디기 힘든 아픔 중 하나입니다. 그것이 아픈 이유는 그 말에 항상 일말의 진실이 있기 때문입니다. 그것은 또한 사람이 스스로를 방어하기 가장 어려운 비난입니다. 방어적인 대답들은 대개 그 비난이 옳다는 것을 입증하는 추가 증거로 간주됩니다.

청소년을 하나의 계급으로 본다면, 그들은 도덕주의자요 이상주의자들입니다. 청소년이 되면 위대한 추상적 도덕 개념들—평화, 사랑, 정의, 정직, 의—을 인식하게 됩니다. 어린아이였을 때는 특정한 상황에 적용된 형태로만 이러한 개념들을 알았고, 그 적용을 주로 해 준 사람은 부모였습니다.

의식적으로 자처하든 하지 않든 간에, 부모는 의(義)를 가르치는 교사들입니다. 기준을 세우고 한계를 정하고 이상적인 모습을 제안하는 것은 부모입니다. 그러므로 아이가 자기 부모가 제안한 이상과 부모 자신을 연관시키는 것은 자연스러운 일입니다. 말을 한 사람과 그가 말한 내용이 동일시되는 것입니다.

유년기 동안에는 부모를 비판 없이 받아들입니다. 아이들이 규칙에 반발하고 명령에 반항하는 것은 사실입니다. 그들은 부모에게 순종하지 않고 부모를 무시합니다. 그러나 그렇다고 해서 아이들이 대체로 무슨 **사적인** 감정을 가지고 있는 것은 아니며, 부모의 말을 평가하거나 부모의 권위에 대해 의문을 제기하는 것도 아닙니다.

그러나 청소년기의 출발과 함께 아이들은 그렇게 하기 시작합니다. 어느 날 갑자기 자신들의 부모가 전능하지도 전지(全知)하지도 않다는 사실을 깨닫는 것은 아이들에게 꽤나 큰 충격일 것입니다 (부모가 어느 곳에나 있지 않다는 사실은 벌써 몇 년 전부터 알고 있던 터였습니다).

청소년들은 좀더 넓은 도덕의 세계를 보기 시작합니다. 그들은 도덕적인 **원리들**을 이해할 수 있는 능력을 얻게 됩니다. 어릴 적에는 "해라"와 "하지 마라"를 얼기설기 모아놓은 것에 불과했던 도덕이, 이제는 일정한 형태를 띠게 됩니다.

예를 들어 정직이란, 어린이들에게는 학교에서 시험을 볼 때 남의 시험지를 훔쳐보지 않는 행동을 의미했다면, 청소년들에게는 그것이 어느 상황에든지 적용할 수 있는 원리로 이해되는 것입니다. 그리고 부모가 그 '어느 상황' 중 하나가 되는 것은 시간 문제입니다. 부모들은 아들이나 딸이 자기들이 마련해 준 도덕적 안경을 쓰고 자신들의 태도를 세밀하게 조사하는 것을 보게 됩니다. 청소년들은 자기 부모들이 훈련시켜 준 원리들을 사용해서 정부와 학교와 또래에 대해서 도덕적 판단을 내리며, 부모에 대해서도 예외를 두지 않습니다.

자녀로부터 이러한 대우를 받을 때 부모들이 나타내는 상투적인 반응은, 분노에 찬 방어에서부터 18세기 예수회 수도사를 만족시킬 만한 정교한 합리화, 그리고 무뚝뚝한 무관심에 이르기까지 다양합니다. 그러나 그 이외에 또 하나의 반응이 계발될 수 있는데, 그것은 바로 '감사' 입니다. 이제 집안에 일종의 '경고 장치' 가 생겨서 위선이 포착되면 알람을 울리게 되었음을 감사하는 것입니다.

부모들에게는 그러한 장치가 필요합니다. 위선의 죄는 스스로 탐지하기 가장 어려운 죄 중 하나입니다. 위선에 빠져든 사람은 자신이 하는 일에 대해서 매우 빨리 눈이 멀게 됩니다. 외부의 비난이나 한바탕 흔들어 주는 방해가 없이는, 몇 주일이건 몇 년이건 자신의 종교와 도덕에 아무런 문제가 없다고 생각하며 살 수 있습니다. 청소년들이 도덕을 지키는 경찰 행세를 하는 동기가 우리의 기대만큼 순수하지 않을지도 모르지만, 그 기능은 매우 놀라운 효능을 가지고 있습니다.

그리스도인은 무엇보다도 위선을 두려워해야 합니다. 위선만큼 예수님을 화나게 한 것이 없었습니다. 예수님은 도둑질하고, 안식일을 어기고, 매매춘을 하고, 심지어 살인을 저지른 일상적인 범죄자들에게는 끊임없이 다가가셔서 그들을 초대하며 위로하셨습니다. 그러나 위선자들은 예수님에게 경고만 들었을 뿐입니다.

마태복음 23장에 나오는 불 같은 본문은, 말은 이렇게 하면서 행동은 저렇게 하는 사람, 종교적으로 번지르르하게 말은 하면서 실천은 전혀 하지 않는 사람, 겉을 깨끗이 하는 데는 수많은 시간을 들이면서 하나님이 중시하시는 내적인 실체들은 모조리 무시하는 사람들에 대해 예수님께서 연이어 '화'를 선포하시는 분노에 찬 본문입니다.

모든 부모(특히 청소년 자녀를 둔 부모)는 마태복음 23장을 6개월마다 한 번씩 읽는 것이 좋으며, 읽을 때 **서기관과 바리새인들을 부모**로 바꾸어서 읽는 것이 좋습니다. "화 있을진저, 외식하는 서기관들과 바리새인들이여!" 대신에 "화 있을진저, 외식하는 부모들이여!"라고 읽으라는 것입니다. 이것은 결코 억지가 아닙니다.

서기관들과 바리새인들은 전혀 나쁜 사람들이 아니었습니다. 그들은 1세기 사회에서 가장 책임 있고 도덕적이며 존경받을 만한 사람들이었습니다. 그들은 모든 이들에게 필요할 뿐 아니라 모든 이들이 믿고 따를 만한 안정된 지도력을 행사했습니다. 그들이 없었다면 가치 있는 것들은 거의 존속되지 못했을 것입니다. 오늘날 부모들에 대해서도 이와 비슷한 말을 할 수 있습니다.

그렇다면 예수님은 왜 그런 사람들을 그리도 가혹하게 대하신 것입니까? "많이 받은 자에게는 많이 찾을 것"이기 때문입니다. 바리새인들에게는 하나님의 일과 관련하여 백성들을 인도할 책임이 주어져 있었습니다. 도덕과 의식(儀式)에 대해서 결정을 내리고 안내를 해 주는 것이 그들의 임무였습니다. 도덕적 존재와 영적인 피조물로서의 삶과 관련된 일은 전부 그들의 전문 분야였습니다. 그리고 그들은 탁월하게 지도했습니다.

예수님이 그들의 가르침에 대해서 논쟁을 벌이신 적은 없습니다. 그러나 그들은 어떤 **말을 하는 것**과 어떤 사람이 **되는 것**을 혼동했습니다. 그들은 말하는 것을 행하지 않았기 때문에 그들 자신이 지옥에 떨어질 위기에 처해 있었습니다. 그들은 '직업화' 되었던 것입니다. "백합이 썩는 냄새는 잡초가 썩는 냄새보다 훨씬 더 지독"한 법입니다.

위선자(hypocrite)에 대한 헬라인과 예수님의 관점이 어떻게 다른지 살펴보는 것은 흥미로운 일입니다. 헬라 세계에서는 이 단어가 전혀 경멸의 의미로 사용되지 않았습니다. 이 단어는 '히포크리노마이'(hypokrinomai)에서 파생되었는데, 그 뜻은 '대꾸하다', '극적으로 낭송하다', '연설하다' 입니다. 이 말은 점차 배우들의 대사를 가리키는 연극 용어로 특별한 쓰임새를 가지게 되었습니다. 연극배우들은 다른 배우의 대사에 자신의 대사로 '대꾸' 했기 때문입니다. 언어가 발전하면서 무대에 서는 사람들은 '극작가가 준 대사를 극장에서 솜씨 있게 낭송하는 사람'이라는 뜻에서 '히 포크리테스'라는 칭호를 얻게 되었습니다.[18]

헬라인들 사이에서 연극은 숭배의 대상이었습니다. 연극은 고급스러운 시와 예술의 자리를 차지하고 있었습니다. 많은 진리가 헬라의 연극 무대 위에서 선포되었습니다. 아이스킬로스, 소포클레스, 에우리피데스 같은 작가들은 인간의 결핍과 영광을 가장 강력하게 재현해 냈습니다. 따라서 그것을 직접 말로 옮기는 사람이 존경을 받는 것은 자연스러운 일이었습니다.

이러한 공연들을 통해서 서민들은 당대의 가장 뛰어난 예술가들의 지각과 시에 접할 수 있었습니다. 아무도 배우, 즉 '히포크리테스'가 실제 삶에서도 〈오이디푸스 왕〉(*Oedipus Rex*)이나 〈테베를 공략한 일곱 명의 장군〉(*Seven Against Thebes*)에서 표현되는 진리대로 '살 것'을 기대하지 않았습니다. 그들은 단지 설득력 있게 '말하는 것'만으로도 충분했습니다.

그렇다면 왜 예수님은 그 당시 유대 사회에서 헬라의 배우들과 같은 역할을 하던 사람들을 존경하지 않으셨을까요? 백성들에게 모세와 이사야의 말을 전하는 사람들, 레위기의 의식을 행하는 사람들, 선조들의 기도를 인상 깊게 공개적으로 증언하는 사람들, 백성이 자신의 근원이나 운명을 잊지 않도록 인상적이고 상징적인 옷을 입고 다니는 사람들을 왜 존경하지 않으셨을까요? 만약 서기관과 바리새인들이 아테네에 살았더라면, 그들이 그토록 훌륭한 '히포크리테스'라는 사실로 인해 온 도시에서 존경을 받았을 것입니다. 그러나 예루살렘에서는 예수님의 분노에 부딪혀야 했습니다. 왜 이런 차이가 생긴 것일까요?

그것은 예수 안에서 하나님의 말씀은, 죄인된 인간이 사랑을 베푸시는 구주께 어떻게 반응하느냐의 문제가 되었기 때문입니다. 중요한 것은 사람의 반응, 즉 믿음의 내면 생활과 희망, 고백과 회개가 요청되었던 것입니다. 마음—'하나님과 관련해서 우리가 제 역할을 하게 만드는 모든 것'을 가리키는 성경의 위대한 은유—이 행동의 현장이 되었습니다.

종교는 어떤 사람들이 다른 사람들을 위해 진리를 연기해 내는 의식이 아니라, 하나님이 각 사람을 위해 마련하신 것을 각자가 체험하는 믿음입니다. 모든 위대한 구원의 드라마는 헬라의 무대 위에서가 아니라 인간의 마음 속에서 공연됩니다. 믿음의 세계에 헬라의 방법들을 가져오는 사람은 누구나 그 세계를 배반하는 것이며, 믿음의 세계를 참여의 대상이 아닌 하나의 이야깃거리로 만들어 버릴 뿐 아니라, 열정과 헌신의 문제가 아닌 형식과 외양의 문제로 만들어 버립니다.

부모는 수 년 동안 자신의 믿음이나 감정에 상관 없이 자녀에게 무엇인가를 말해 주는 위치에 있게 됩니다. 사실 부모 자신의 감정은 그리 큰 문제가 안 됩니다. 자신은 찻길을 건너면서 자녀들에게는 찻길을 건너지 말라고 경고합니다. 자신은 성냥을 사용하면서 자녀들은 사용하지 못하게 합니다. 자신은 자정까지 잠을 안 자고 있다가 다음 날 아침에 피곤해서 짜증을 내면서, 자녀들은 다음 날을 위해 충분한 휴식을 취하도록 8시에 잠자리에 들게 합니다. 자녀에게 요구되는 것이 부모에게는 강요되지 않습니다. 그리고 그렇게 될 수도 없습니다.

그 결과는 부모들이 자녀에게 하는 말과 자기 자신이 실제로 하는 일을 분리하는 데 익숙해진다는 것입니다. 그들은 안전이나 건강, 예절에 대해서 일정한 원리들을 가지고 있지만, 그 원리를 자기 자신과 자녀에게 각각 다르게 적용합니다. 많은 경우 그러한 행동은 필요하기도 하고 어쩔 수 없기도 하지만, 아주 위험스럽게도 부모들을 '서기관·바리새인·위선자' 들의 상태에 가까와지게 합니다.

어느 여름 날 내가 가족들과 함께 록키 산맥에 있는 국립공원에서 하이킹을 할 때였습니다. 열네 살짜리 딸과 함께 고산 지대를 지나가다가 처음 보는 야생화 한 무더기를 발견하고 감상하려고 멈춰 섰습니다. 그 꽃은 온 사방에 깔려 있었는데, 내 기억력으로는 나중에 다시 알아볼 것 같지 않아서 몸을 굽혀 한 송이를 꺾어 주머니에 넣었습니다. 야생화는 어떤 종류든 꺾어서는 안 된다고 분명하게 명시된 규칙과, 여러 해 동안 자녀들의 머리 속에 시에라 클럽의 표어—"사진 외에 아무것도 가져오지 말고, 발자국 외에 아무것도 남기지 말라"—를 주입시키고 있었음에도 불구하고 나는 그렇게 했던 것입니다.

산길을 따라 계속해서 길을 가는데 딸아이가 갑자기 "아빠는 닉슨 씨만큼 나빠요!"라고 말했습니다(워터게이트 사건이 그 해 여름에 터졌습니다). 그 말에 나는 방어적으로 대답했습니다.

"규칙의 의도를 이해해야지. 그러한 규칙은 다른 사람들도 꽃을 즐길 수 있도록 하기 위해서 있는 거야. 하지만 지금 우리는 산 가운데서도 외진 곳에 와 있고 이 꽃들은 이렇게 널려 있는데, 그 중에서도 나는 눈에 띄지 않는 곳에 있던 꽃 한 송이를 매우 조심스럽게 꺾었을 뿐이거든. 우리가 공원을 두는 이유 중 하나는 우리와 같은 사람들이 이 위대한 창조물에 가까이 와서 하나님의 놀라운 솜씨를 배우고 연구하도록 하기 위해서야. 내가 그 작은 꽃을 꺾은 행위는 사실 이 공원 전체의 정신에 부합하는 것이란다."

딸은 대꾸를 하지 않았고 우리는 아무 말 없이 걸었습니다. 아버지가 "닉슨 씨만큼 나쁜" 사람이 되는 게 싫어서 내 형편없는 논리를 받아들이기로 한 건지(아버지에게 실망하지 않기 위한 방책으로), 아니면 아버지의 위선이 순전히 당혹스러워서 입을 다물고 있었던 건지 모르겠습니다. 어쨌든 걸으면 걸을수록 딸아이의 비난은 내 마음 속에 더 날카롭게 파고들었습니다.

차츰차츰 나는 산과 초원의 경이로운 아름다움을 더 이상 느낄 수 없게 되었습니다. 내 머리 속은 온통 "아빠는 닉슨 씨만큼 나빠요"라고 한 딸아이의 지각 있는 비난과 내가 했던 서투른 변명에 대한 생각뿐이었습니다.

마침내 나는 더 이상 견딜 수가 없어서 딸아이에게 말했습니다.
"얘야, 네가 옳은 것 같다. 나와 닉슨 씨에 대해서 네가 한 말 말이야. 나는 법도 어겼고 내 자신의 원칙도 어겼어. 네가 그것을 지적해 주어서 고맙다. 항상 남에게 어떻게 행동해야 한다고 가르치는 사람들은 때로 자기 자신의 규칙은 지키지 않아도 된다고 생각할 때가 있거든. 내게 필요한 말을 네가 해 주었구나."

그 사건을 돌이켜보면서 나는 '청소년'이 얼마나 핵심적인 역할을 했는지 깨달았습니다. 아직 사춘기가 아닌 두 아들은 결코 그러한 비난을 하지 못했을 것입니다. 두 아들은 내가 하는 일은 단지 내가 하기 때문에 다 옳다고 생각했습니다. 아내도 결코 그러한 비난을 하지 않았을 것입니다. 나와 관심사도 비슷하고 약점도 비슷한 아내는 오히려 나를 거들었을 것입니다. 그러나 나의 청소년 자녀는 자신의 독특한 통찰력으로 개인적인 행동과 도덕적인 원칙들 사이의 관계를 감지했고, 그러한 지각을 알릴 만큼 대담했습니다.

열린 부모는 청소년에게서 여러 면으로 점검을 받을 것입니다. 부모의 위선은 감지되어 도전을 받을 것입니다. 나는 이것이 청소년들이 우리 부모를 위해서 하는 가장 쓸모 있고 시기 적절한 일 가운데 하나라고 믿습니다.

그러나 청소년들이 단지 가끔 도덕적인 어조로 말을 한다고 해서 그들이 갑자기 도덕적 권위를 얻게 된다고는 생각하지 않습니다. 그들의 통찰력이 그들을 갑자기 우월한 자리로 올려놓지는 않습니다. 자신이 기대하지 않은 곳, 즉 자기 부모 안에서 어리석음과 완고함과 악을 발견하는 것은 그들의 도덕 교육의 시작에 불과합니다. 언젠가는 그들도 자기 자신 안에서 그러한 요소들을 발견하게 될 것입니다. 그리고 그렇게 되면 이제 그들은 더 이상 어린아이가 아닐 것입니다.

머레이 켐튼이 말하듯, 성숙을 시험하는 방법은 연장자를 용서하는 것입니다.[19] 청소년들은 '**위선자**'라고 하는 경멸의 말을 꽤 마구잡이로, 게다가 종종 부정확하게 사용합니다. 어떤 때는 단순히 **죄인**—완전하지 않은 사람, 잊어버리기도 하고 짜증내기도 하고 잘못 판단하기도 하는 그리스도인—의 동의어로 사용하기도 합니다. 이러한 경우에는 위선의 본질에 대해서 기본적인 가르침을 주는 것이 옳습니다. 위선자란 스스로 그리스도인이라고 하면서 동시에 죄도 짓는 사람을 말하는 것이 아니기 때문입니다. 우리 모두가 그렇게 합니다. 가장 훌륭한 성인들조차도 그렇게 했습니다.

위선자들이란 종교적인 삶을 의식화(儀式化)하는 데는 시간을 쏟되, 정작 그렇게 살 의도는 전혀 없는 사람들을 일컫습니다. 그들은 친밀한 관계 속에서, 그리고 개인적인 실천을 통해서 믿음의 삶을 사는 데는 관심이 없는 사람들입니다. 위선자들은 다른 사람들보다 죄를 더 많이 짓는 것이 아니라 더 많이 가장합니다. 그들이 더 자주 실패하는 것은 아닙니다. 그러나 더 자주 꾸며댑니다.

우리의 십대 자녀들이 자기 부모가 완전하지 않다는 사실을 발견했다고 해서, 그들이 언뜻 보기에 위선의 증거처럼 생각되는 무슨 단서를 얻은 것은 아닙니다. 그리고 청소년들도 그 점을 알아야 합니다. 모든 청소년의 말에는 약간의 협박이 있으며, 부모도 연약한 사람들이기 때문입니다.

성장을 위한 질문 Study Questions

1. 당신의 자녀가 마치 재판관처럼 당신을 심리(審理)하고 있다는

느낌을 받은 적은 없습니까? 자녀가 당신을 판단하고, 평가하며, 다른 부모와 비교하고 있다고 느낀 적은 없습니까?

2. 당신에 대한 자녀의 비난 중에서 당신에게 도움이 되었던 것이 있을 것입니다. 자녀가 지적하지 않았더라면 보지 못했을 것을 보게 할 만큼 진실에 가까웠던 것은 무엇입니까?

3. 당신에 대한 자녀의 비난 중에서 틀렸다고 생각하는 것이 있을 것입니다. 그럴싸하지만 틀린 기준을 적용했거나 복잡한 당신의 삶을 너무 단순하게 바라본 결과라고 생각하는 것은 무엇입니까? 그들이 그렇게 할 때 당신은 어떻게 반응합니까?

4. 당신은 어떤 영역에서 위선자가 될 위험이 있습니까? 제자가 되는 불굴의 도덕적 노력을 하는 대신 그저 흉내만 내고 싶은 유혹을 받는 영역은 어떤 것입니까?

5. 마태복음 23장을 읽으십시오(220-223쪽에 성경 본문이 실려 있음-엮은이). 예수님은 당대에 함께 살았던 위선자들에게 일곱 차례나 화를 퍼부으십니다. 그 중에서 어떤 것이 당신의 생활 환경에서 나타나는 것과 가장 비슷합니까?

목적의 혼란에 대하여

❾ 내가 뭘 하고 싶은지 모르겠어요

환상과 불안 사이를 왔다갔다 하는 현상이 청소년들 사이에 널리 퍼져 있다는 것은 잘 알려진 사실입니다.

청소년들에게 가장 인기 있는 문학 형식은 공상 과학입니다.

인생에서 자신이 무엇을 원하는지 모르는 '목표의 혼란'은 청소년들에게 흔한 질병입니다. 이 질병은 모든 일에 방해가 됩니다. 미래는 혼란스럽고 불확실하며 불길하기까지 합니다. 선택을 해야만 하는 일들이 생기고 있고 앞으로 오랜 세월 동안 흔들림 없이 지켜 가야 하는 결정들이 있는데, 그들의 자아는 아직 준비되어 있지 않습니다. 기독교의 소망은 이러한 문제들을 해결해 나갈 수 있는 최고의 환경을 제공해 줍니다.

'미래'는 청소년들에게 새로운 경험입니다. 아기들과 어린이들은 현재를 삽니다. 그들에게는 역사적인 감각이 거의 없습니다. 그들은 **지금**에 매몰되어 있습니다. 이처럼 **현재**에 자기 자신을 완전히 망각할 수 있는 능력은 사실 유년기의 매력 중 하나입니다. 그러나 청소년기에는 미래의 일을 상상하는 능력, 미리 계획하고 예상하는 능력이 깨어나기 시작합니다.

커서 무엇이 되고 싶으냐는 질문을 받은 여섯 살짜리 아이가 "소방수요!"라고 대답을 하면, 부모는 신기해합니다. 그들은 혹 아이를 소방서에 데리고 가서 소방차에 앉혀 주거나, 아니면 소방수 모자를 사 주면서 게임으로 하는 역할 놀이를 장려할 것입니다. 그러나 열여섯 살짜리가 "소방수요!"라고 대답하면 부모의 반응은 심각한 질문으로 나타납니다.

"어떤 훈련을 받아야 하지? 연금 계획은 알아 봤니? 자기 계발은 어느 정도 가능성이 있어?"

이처럼 '미래'는 더 이상 즐겁게 빠져드는 꿈이나 소원이 아니라, 계획을 세워야만 하는 가능성들의 스펙트럼인 것입니다.

미래는 여러 가지 다른 방향에서 동시다발적으로 청소년을 간섭하고 나섭니다. 당장이라도 선택을 해야만 하는 직업, 경력, 학교 교육, 그리고 결혼의 문제들이 있습니다. 이렇게 '미래'가 갑자기 밀려들어옴과 동시에 그에 상응하는 무기력한 느낌과 제대로 알지 못한다는 느낌, 선택을 할 만한 처지가 못 된다는 느낌과 불확실성에 눌린 느낌도 따라서 생겨납니다.

지금처럼 급변하는 세상 속에서는 무엇이든 제대로 계획을 세울 만큼 안정적으로 남아 있는 것이 없다는 데서 이러한 상황은 더욱 심각해집니다. 청소년들은 다음 세대 안에 일어날 재앙을 꽤 심각하게 예언하는 전문가들이 있다는 것을 압니다. 만약 종말이 코앞에 닥쳤다면, 일어나지도 않을 일을 위해 책임 있는 계획을 세우는 것이 무슨 의미가 있단 말입니까?

교회에는 미래의 문제를 다룰 수 있도록 사람들을 준비시켜 주는 교리가 있는데, 그것은 바로 '소망'(hope)의 교리입니다. 소망이 없다면 미래에 대해 반응할 수 있는 방식은 기본적으로 두 가지밖에 없습니다. 바로 '막연한 기대'(wishing)와 '불안'(anxiety)입니다.

막연한 기대는, 대개 미래를 '기적적으로 욕망이 충족되는 때'로 봅니다. 그러한 기대는 공상과 환상에 힘을 쏟게 만듭니다. 한편 불안은, 미래를 '현재의 부족한 부분들이 결국 드러나 버리는 때'로 봅니다. 현재의 약점이 미래의 재앙으로 나타날 것이라고 보는 것입니다. 그러한 불안은 초조하게 자기 반성만 하게 하거나, 생각을 다른 데로 돌리려고 바쁘게 사는 데 힘을 쏟게 만듭니다.

환상과 불안 사이를 왔다갔다 하는 현상이 청소년들 사이에 널리 퍼져 있다는 것은 잘 알려진 사실입니다. 청소년들에게 가장 인기 있는 문학 형식은 공상 과학입니다. 이것은 환상의 한 양식으로, 중간 단계를 해결해야 하는 번거로움 없이 인간의 막연한 기대(또는 두려움)를 먼 미래에다 투영한 형식입니다.

불안의 측면을 보자면, 자살 사건, 마약 남용, 그리고 감정의 쇠약 증세가 청소년들 사이에서 특히 빈번하게 나타납니다. 이러한 현상은 모두 직면하기가 너무 힘들 것 같은 미래를 불안해하는 반응들입니다.

이러한 진퇴양난의 상황에서 교회는 소망을 가르칩니다. 소망은 하나님의 약속을 기초로 하는 미래에 대한 반응입니다. 이 소망은 미래를 하나님의 약속이 성취되는 때로 봅니다. 이 소망은 현재의 열망이나 불안을 토대로 미래의 모습을 추론하기를 거부하고, 그 대신 하나님의 약속이 미래를 제대로 보게 해 준다고 믿습니다.

그렇다고 소망이 미래에 **대한** 교리는 아닙니다. 그것은 현재에서 가꾸어 낸 은혜이며, 미래를 다루는 현재의 태도입니다. 따라서 오직 소망이 주는 '위로' 때문에 소망을 귀하게 여기는 것은, 소망을 오해하는 것입니다.

"하나님이 모든 것을 통제하시니까 미래의 모든 것이 괜찮을 거야. 그러니까 편안하게 위로받도록 해!"라고 말하는 것이 소망이 아닙니다. 소망은 그것과는 다르게 영향을 끼칩니다. 기독교의 소망은 우리에게 미래의 가능성을 일깨워 주고, 미래를 하나님의 약속으로 채우며 우리의 활동 무대로 펼쳐 줍니다. 그리고 그 결과 현재를 활력으로 넘치게 해 줍니다. 위르겐 몰트만이 말하듯, "약속된 미래라는 자극은 아직 실현되지 않은 현재 전체를 가차없이 찌릅니다."[20]

청소년을 제외하고는 기독교의 소망을 딛고 서야 할 필요가 더욱 절실한 유일한 사람은 그들의 부모입니다. 중년에 도달한 사람들은 **게으름**과 **슬픔**의 병에 시달리는 것으로 악명이 높습니다. 그리고 문화 전체가 그들의 퇴색된 희망을 조작해서 이익을 얻으려고 하고 있습니다. 부모가 십대 자녀들과 함께 소망을 이해하고 소망을 체험해 나갈 때, 그들은 양쪽 모두에게 필요한, 미래에 의지할 수 있는 기초를 놓게 됩니다.

부모는 십대 자녀와 함께 미래에 대해 대화함으로써, 소망이라는 미덕을 발전시킬 수 있는 실험실을 가지게 됩니다. 이러한 대화 중에는 '일'(이미 선택한 진로나 직업)에 대한 내용이 있을 것입니다. 이것은 모든 청소년들이 예상하고 있는 문제이며, 결국에는 자신이 직면해야 한다는 사실을 아는 문제입니다. 그들은 기대하면서 동시에 두려워합니다. 미래의 직업은 기대와 걱정이 모두 다 쏠리는 대상입니다. 청소년들은 때로 한탄조로 말할 것입니다.

"내가 뭘 하고 싶은지 모르겠어요!"

이 시기 동안에는 직업의 미래가 환상이나 불안에 잠식되도록 내버려 두지 말고, 그들이 소망을 가지고 그 미래를 받아들이도록 필요한 제안을 하고 아이디어를 소개해 주어야 합니다. 수세기 동안 그리스도인들은 노동을 인간에게 내려진 저주로 보기보다는, 소망을 체험하기도 하고 표현하기도 하는 한 형태로 보는 견해를 형성해 왔습니다. 이러한 통찰에 익숙한 부모는 그것을 증명해 주기도 하고, 그에 대한 이야기도 나눌 수 있을 것입니다. 이런 부모를 둔 청소년은 정말 복이 있는 사람입니다!

부모들이 할 수 있는 한 가지는, 자신이 일의 영역에서 경험했던 것들(자신의 목표와 성취, 자신이 겪었던 실망과 실패 등)을 매우 솔직하게 이야기하는 것입니다. 부모가 자녀에게 자신의 직업에 관한 이야기나 그 직업에서 찾을 수 있는 의미, 또는 찾을 수 없는 의미에 대해서 기꺼이 나누고자 할 때, 청소년들은 직업을 결정하는 문제로 씨름할 수 있는 대화의 장을 얻게 됩니다.

부모가 전문가가 되어야 할 필요는 없습니다. 또 자기 일을 열광적으로 좋아하지 않아도 됩니다. 중요한 것은 인생의 의미와 목적과 목표라는 관점에서 직업을 이야기하려는 생각이 부모에게 있느냐 하는 점입니다. 부모가 기꺼이 그렇게 할 때 청소년에게는 일에 목표와 목적과 의미가 있다는 사실이 전달됩니다.

존 실리는 '목적에 대한 청소년들의 갈망'에 대해서 이야기했습니다.[21] 직업을 선택한다는 것은 경제적인 조건이나 적성을 선택하는 것이 아니라, 한 개인이 살고 싶어하는 삶의 종류를 선택하는 것이라는 분위기를 부모는 조성해 나갈 수 있습니다.

부모들이 할 수 있는 또 한 가지는, 기독교적인 일(Christian Work)이 가지는 의미에 대해서 이야기하는 것입니다. 예수님이 마태복음 28장 19-20절에서 하신 말씀은, 그리스도인들에게 주는 직무 내용 설명서가 아니라 그리스도인이 일의 세계에서 취해야 하는 태도를 설명하신 것입니다.

"너희는 가서 모든 족속으로 제자를 삼아 아버지와 아들과 성령의 이름으로 세례를 주고 내가 너희에게 분부한 모든 것을 가르쳐 지키게 하라. 볼지어다, 내가 세상 끝 날까지 너희와 항상 함께 있으리라."

우리가 일상적으로 하는 일이 어떤 식으로든 "가서······ 제자를 삼아······"라고 하는 명령에 따르는 것이라는 사실을 알지 못한다면, 우리가 하는 일의 의미와 가치에 대해서 많은 불만을 품게 될 것입니다. 그리고 그리스도께 순종해야 한다는 사실에 대해서 매우 무관심해지고 무감각해질 것입니다.

많은 사람들이 자신의 일상적인 일과 하나님의 명령을 전혀 연결시키지 못하고, 주중에는 '생계를 꾸리는 일'에 시간을 보내고 주말과 저녁시간에는 '기독교적인 일'을 함으로써 자신의 직업에서 찾지 못한 의미를 만회하려고 합니다. 그러나 그렇게 할 필요가 없습니다. 거의 모든 직업은 제자도의 통로로 사용될 수 있기 때문입니다.

해마다 그리스도인들은 사회의 모든 영역에서 수백 가지의 직업에 종사해 왔고, 각자가 '주님을 위해' 일을 잘 해냈습니다. 그리고 그 일을 통해 제자들이 생겨났습니다. 그 숫자가 얼마나 되는지는 아무도 모릅니다. 지리적으로나 소명의 영역에서도, 지구 전체가 일하는 그리스도인들의 선교지가 되었습니다.

이 모든 일이 오직 '종교인들', 곧 목회자들과 선교사들에게만 맡겨졌다면 많은 영역들이 외면당했을 것입니다. 목회자와 선교사들이 핵심적인 역할을 하기는 했지만, 그 직분이 각기 자신의 소명을 따라서 제자의 삶을 살아가고 있는 다른 직업보다 더 중요한 것도, 덜 중요한 것도 아닙니다. 그러나 자기 부모나 다른 영향력 있는 어른들로부터 이러한 이야기를 듣지 못한다면, 청소년들이 어떻게 이 사실을 알 수 있겠습니까?

우리 사회는 그런 식으로 특정한 직업을 숭상하는 경향이 있습니다. 그러나 성경은 그렇게 하지 않습니다. 우리는 좋은 직장에서 일하는 사람들을 높이 평가합니다. 그런 사람들에게 우리는 많은 돈을 주며 또한 우러러봅니다. 그러나 예수님은 목수였고 바울은 천막을 짓는 사람이었습니다. 두 직업 모두 일의 강도(強度)나 위신이나 인류에 끼치는 유익 면에서 다른 일과 다를 것이 없었습니다.

그러나 두 직업 모두 증인의 삶을 사는 노동 현장이 되었습니다

(성경에는 이 외에도 다른 예들이 많이 있습니다). 두 사람 모두 직업을 지상명령에 순종하는 장(場)으로 사용했습니다. 청소년들이 그 장을 발견하지 못하고 직업과 지상명령을 그런 식으로 연결짓지 못한다면, 그들은 현대 직업 세계의 두드러진 특징—사회적 불안의 팽배와 직업에 대한 불만—에 또 하나의 사례만 추가하게 될 것입니다.

그리스도 안에서 사는 새로운 삶을 다른 사람과 나누게 되는 실제적인 일의 형태는 '섬김'입니다. 이러한 풍토 속에서 제자도는 전파됩니다. 예수님은 이것을 여러 번 말씀하셨고, 십자가에 달리시기 전날 밤에 가장 기억에 남게 말씀하셨습니다.

"내가 너희에게 행한 것같이 너희도 행하게 하려 하여 본을 보였노라. ……종이 상전보다 크지 못하고……."(요 13:15, 16)

이 말씀을 하시기 직전에 예수님은 제자들의 발을 씻기셨습니다. 이것은 천한 일로서 '교회 일'이 아닌 것이 분명했지만, 예수님은 이 일을 통해 제자들을 섬김으로써 자신을 그들에게 주셨습니다.

평생의 일에 대해서 여러 가지 인상을 쌓아 가고 느낌을 형성해 가는 청소년들에게는 그들이 관찰할 수 있는 '섬김의 본'이 있어야 합니다. 다른 사례들—착취하는 일, 부정직한 일, 욕심 많은 일, 다른 사람들을 굴복시키거나 비하함으로써 성공하는 일—은 곳곳에 널려 있습니다. 자신의 직장생활을 섬김의 한 방식으로 훌륭하게 사용하는 사람들과 자녀들이 교제할 수 있게 하려면 부모가 신경을 좀 써야 하지만, 그렇다고 불가능한 일은 아닙니다. 그런 사람들을 알게 되었을 때, 청소년들은 사람들이 소망을 따라 사는 구체적이고 일상적인 방법—나도 충만해지고 남도 충만해지는 삶—을 보게 될 것입니다.

이러한 과정, 즉 몰트만의 표현을 빌면 "소명의 비전"(vocatory visions)[22]을 격려하는 과정에서 부모가 실수하지 말아야 할 것이 세 가지가 있습니다.

첫째는 어떤 직업을 강요하는 일입니다.

적절한 교육을 받지 못했기에 자신이 싫어하는 일을 할 수 없이 해야 하는 부모들은 때로 자녀에게 좋은 성적을 거두어서 대학에 가라고 상당한 압력을 가합니다. 그들은 자녀가 실제로 무엇을 원하고 무엇을 느끼는지에 대해서는 거의 둔감하거나 무관심한 채 그렇게 합니다. 이러한 부모는 (자기가 아무리 큰 소리로 항변할지라도) 사실 자녀에 대해서 관심이 있는 게 아니라, 자신의 좌절을 기억하면서 자신이 이루지 못한 야망을 아들이나 딸의 삶을 통해 채우려고 하는 것입니다.

청소년들을 대상으로 한 어느 설문 조사를 보면, 응답자 중 65.7 퍼센트가 이렇게 불평했습니다.

"부모님은 내가 하고 싶어하는 일을 직업으로는 하지 못하게 해요."

두번째 실수는 그 반대의 자세를 취하여 내버려 두는 것입니다.

"내 아이가 무엇을 하든 나는 상관없어. 그 아이가 그냥 행복하기만 하면 돼. 자기 일은 자기가 결정하는 거야!"

이렇게 말을 하고 부모는 멀찌감치 서서 아무런 지도도 해 주지 않습니다. 이러한 태도는 자녀의 삶에 공백을 남기게 되고, 그 공백은 다른 사람이 와서 금세 채워 버릴 것입니다. 왜냐하면 아주 많은 사람들이 그 아이의 장래에 관심을 가지고 있기 때문입니다.

고등학교와 대학교에는 신입사원이나 신입생을 모집하는 사람들이 있습니다. 압력이 생기고 광고가 붙기 시작하고 또래들도 설득합니다. 어떤 결정을 내리기까지 더듬더듬 찾아가는 과정에서, 청소년들은 진로나 직업이 주는 이런저런 압력이 뒤섞인 상태에서 지내게 됩니다. 부모가 이러한 과정에 동참하지 않는다면, 다른 사람에게 그 장을 열어 주는 격이 될 것입니다.

세번째 실수는 청소년에게 갖가지 질문을 퍼붓는 것입니다.

"언제쯤에야 직업을 결정할 거니?"

"대학에 원서는 언제 낼 거니?"

"언제쯤에나 학교를 그만 두고 뭔가 쓸모 있는 일을 좀 할 거냐?"

이러한 질문은 불안을 유발하고 사람을 방어적으로 만들며, 결국에는 아무것도 얻지 못합니다. 세상이 하는 질문과 교회가 주는 명령 두 가지를 함께 '접목' 하면, 직업과 관련하여 좋은 결정을 내리는 데 쓸 뛰어난 발판을 만들 수 있습니다. 세상은 "무엇이 될 것이냐?"고 묻습니다. 교회는 "가서 제자를 삼으라"고 말합니다. 이 질문과 명령은 함께 결합되고 견고히 맺어져서, 모든 계획과 결정이 그 둘 다에 대한 응답이 되도록 해야 합니다.

"가서 일자리를 찾으라"고 말하는 학교나 사회의 기대는, "가서 제자를 삼으라"고 하는 주님이 주시는 임무와 연결되어야 합니다.

모든 청소년들의 생각 속에서 이러한 통합이 이루어질 때, 그들은 소망이라고 하는 기독교적 체험 속에서 자신의 방향과 동기를 발견하면서 평생 하게 될 쓸모 있는 일을 결정할 수 있을 것입니다.

성장을 위한 질문 Study Questions

1. 당신은 미래에 대해서 어떤 느낌을 가지고 있습니까? 미래에 대한 환상에 빠져 있다면, 어떤 환상들입니까? 미래에 대해서 불안해하고 있다면, 당신의 불안에 대해서 설명해 보십시오.

2. 당신의 십대 자녀 또한 미래에 대해서 어떤 느낌을 가지고 있을 것입니다. 그는 미래에 얽매여 있습니까? 미래를 피하려 듭니까? 미래에 대해서 현실적으로 생각합니까, 아니면 막연한 공포를 가지고 있습니까?

3. 청소년의 미래를 가장 많이 차지하고 있는 요소는 '직업'—아직 확실하지 않으며 막연한 직업—입니다. 그것에 대한 당신의 느낌은 어떻습니까? 당신은 자녀가 어떤 교육을 받기를 바라며 무슨 일을 하기 원합니까?

4. 당신의 직업에 대해서는 어떻게 생각합니까? 당신이 하는 일을 즐깁니까? 자신의 직업에 대해서 어떤 실망을 안고 있습니까? 당신의 경험을 가지고 어떻게 자녀를 지도해 줄 수 있을

지 정리해 보십시오.

5. 미래를 성숙한 자세로 직면하는 데 기독교가 기여한 바는 **소망**이라는 단어로 요약될 수 있습니다. 당신에게 이 단어는 어떤 의미를 지니고 있습니까? 이 단어에 대해서 당신이 알고 있는 것은 무엇입니까? 당신이 체험한 소망은 미래의 문제를 다룰 때 어떻게 당신을 준비시켜 줍니까?

독립-홀로서기의 요구에 대하여
⑩ 오늘 밤에 차 써도 돼요?

오늘날 미국에서는 운전면허증을 따는 것이 성년의 중심 사건입니다.

자동차는 적어도 청소년의 관점에서는,

성인의 특권인 권력과 자유를 대표합니다.

자동차가 청소년에게 중요한 이유는 자유와 독립을 상징하기 때문입니다. 그런데 그것이 부모에게 위협이 되는 것은 위험과 무책임을 상징하기 때문입니다.

청소년은 운전을 하게 될 때를 간절히 기다립니다. 부모는 그 때를 경계심과 불길한 예감으로 바라봅니다. 이 둘 사이의 대립에는 자유, 신뢰, 책임 등 해결해야 할 문제들이 많이 있는데, 이는 기독교적인 성장의 문제이기도 합니다.

자동차는 또 다른 상징적 기능도 가지고 있습니다. 사람의 가치를 드러내는 것입니다. 10년이 넘도록 부모는 자녀에게 가치 체계를 가르쳤고, 그 교수법에 사용된 시각 자료 중 하나가 가족이 사용하는 자동차였습니다.

청소년에게 자동차는 어른의 세계를 대표합니다. 그들이 자동차

"오늘 밤에 차 써도 돼요?"

를 손에 넣는 과정은 성숙을 추구하는 과정입니다. 청소년들은 점점 제한을 덜 받으면서 점점 더 자주 자동차를 사용하고 싶어합니다. 자신이 좀 있으면 어른이 된다는 것은 불 보듯 뻔한 사실인데다가, 일단 자동차만 몰면 이미 어른이 다 된 것 같은 생각이 들기 때문입니다.

청소년 자녀가 "오늘 밤에 차 써도 돼요?"라고 물을 때, 부모는 단지 자동차를 쓰느냐 마느냐 하는 문제보다 훨씬 더 많은 것들에 대해서 이야기할 준비가 되어 있어야 합니다. 이 질문을 받고 부모가 느끼는 감정들과 그에 대한 대답이 "안 돼!"일 때, 청소년 자녀가 나타내는 분노의 반응은 그것이 '상징적인 질문'임을 보여 줍니다. 겉으로 보기에는 매우 단순하지만, 성장의 중요한 영역을 나타내는 질문인 것입니다. 자동차가 십대 자녀에게 의미하는 바가 무엇인지, 그리고 부모인 자신에게 의미하는 바가 무엇인지를 부모가 곰곰이 생각해 봤다면, 이 질문에 좀더 나은 대답을 해 줄 수 있을 것입니다.

청소년과 자동차의 결합은 부모를 불편하게 합니다. 자신이 양육한 아이를 지키고 보호해야 했던 옛날의 책임과, 그 아이에게 독립과 자유를 격려해야 하는 새로운 책임이 서로 뒤얽힙니다. 부모에게는 위험을 의미하고 십대 자녀에게는 독립을 의미하는 자동차 사용 문제에 부딪힐 때, 부모가 가지는 이 두 가지 책임은 평상시의 혼란과 복잡한 감정의 차원을 넘어서게 됩니다.

이러한 상황이 역사적으로 비교적 새로운 상황이기 때문에, 부모들이 도움을 받을 수 있는 고대의 지혜는 별로 없습니다. 성경에 나오는 위대한 부모들—아브라함과 사라, 스가랴와 엘리사벳, 요셉과 마리아—은 이러한 질문을 들어 보지 못했습니다. 최근 세대를 제외한 우리 앞 세대들도 마찬가지입니다. 따라서 부모들은 자신을 지도해 줄 만한 선례(先例)가 거의 없는 상태에서 자기 나름대로 듣고 이해하고 지도해야 합니다.

미국의 경우, 자동차를 손에 넣는 것은 청소년 세계의 주요한 사건입니다. 그런데 일부 원시적인 문화에서는 성관계가 청소년기의 핵심적인 체험입니다. 실제로 사내아이에게 그보다 나이가 많은 여자를 주어서, 그 여자가 주도하는 가운데 성관계를 가지게 함으로써 소년이 성인으로 거듭나도록 합니다. 여자아이는 초경을 시작할 때 격리되어서 은둔의 시간을 가지는데, 그 동안에 그 소녀는 "자신의 특별한 존재 양식, 즉 아이를 생산하는 자가 되기 위해 의식에 따라 준비됩니다."[23]

다른 문화에서는 노동을 성년의 중심 요소로 여겼습니다. 사내아이들은 남자어른들과 함께 사냥을 나가서 큰 짐승을 죽이는 것을 성인의 첫 경험으로 여기고, 여자아이들은 길쌈과 베짜기라고 하는 신비의 세계로 들어가는 것을 성인 사회에 용납되는 신호로 여기는 부족들이 있다는 것을 우리는 알고 있습니다.

어떤 사회에서는 정치를 중요하게 여깁니다. 그리하여 투표할 수 있는 나이가 되어서 시민으로서 처음 투표를 하는 것이 성인 세계에 용납되는 신호가 됩니다. 교회의 정식 회원이 되는 것을 성인기로 들어가는 공인된 의식으로 여기던 때도 있었습니다.

그러나 오늘날 미국에서는 운전 면허증을 따는 것이 성년의 중심 사건입니다. 성(性)은 환상 속에 갇혀 있고, 직장을 갖게 되는 나이는 늦어지며, 정치는 남의 일 같고, 교회는 아주 소수의 사람들에게만 의미가 있습니다. 그러나 자동차는 현실에서 계속해서 볼 수 있습니다. 자동차는 적어도 청소년의 관점에서는, 성인의 특권인 권력과 자유를 대표합니다. 청소년이 자동차 운전대 앞에 앉을 때, 그는 성인 사회의 합법적인 일원으로 용납되는 것입니다.

이 사건은 공적이고, 사회적으로 허용되며, 법적인 테두리 안에 있는 일입니다. 게다가 청소년이 거의 전적으로 참여할 수 있는 일입니다. 그리고 즉각적으로 인정을 받습니다. 이 사건은 그에 따른 강력한 상징적 힘을 얻어 냅니다. 운전 면허 교육이 성인의 권력과 지위와 자유를 소개하는 의식으로서, 사모아 족의 사춘기 의식과 교회의 회원 자격을 주는 예식을 대체했습니다.

운전 면허증은 성숙을 증명하는 신분증입니다. 그것은 엄청나게 중요하며, 아마도 청소년의 삶에서 가장 중요한 문화적 사회적 사건일 것입니다. 청소년에게는 차를 손에 넣는다는 것이 성인이 되었음을 의미하기 때문입니다.

부모들이 이 사실을 이해하고 이 사건이 암시하는 바를 받아들이기 전에는, "오늘 밤에 차 좀 써도 돼요?"라는 질문을 제대로 다루지 못할 것입니다. 따라서 부모가 공감대를 갖고 이해하려고 각별히 노력하는 것이 중요합니다. 어른으로서 사는 일이 그랬던 것처럼, 부모에게는 차를 운전하는 것이 오래 전부터 해 왔던 일상적인 일입니다. 그러나 청소년은 이제 막 시작하려 하고 있고, 따라서 매우 흥분해 있습니다.

주(州) 정부에서는 청소년을 면허 운전자로 인정해 주려 하고, 학교에서는 '운전 교육'에서 그들에게 좋은 점수를 줍니다(즉, 청소년을 책임감 있는 어른으로 대우합니다). 반면에 부모들이 갖는 어려움은, 자기 자녀가 성숙하려면 아직 멀었다는 증거를 매일같이 여러 번 목격한다는 데 있습니다. 청소년의 감정은 통제되지 않을 때가 많고 그들의 책임 의식은 변덕스러우며, 그들은 냉담함과 흥분의 극단을 까닭 모르게 왔다갔다 합니다.

주 정부와 학교는 청소년들을 도로에 내보내도 안전하다고 생각할지 모르나, 부모들은 의심이 됩니다. 부모들은 가정의 일상적 광경이 되어 버린 문 쾅쾅거리는 소리나 정신 없이 어지러진 방을 주(州) 경찰들도 자기들만큼 자주 본다면 아마 그들도 의심을 하게 될 것이라고 생각합니다.

청소년들에게 자동차는 그들이 성인이 거의 다 되었다는 사실을 부각시키며, 부모들에게는 그들이 성인이 되려면 아직 멀었다는 사실을 부각시킵니다. 십대들이 자동차를 모는 광경은 부모에게 갖가지 불안을 안겨 줍니다. 부모의 생각 속에서 돌아가는 필름이 상상력의 화면에 비추는 것은, 고속 주행을 하다가 사고가 나는 장면, 자동차 내부라는 사적 공간에 힘입어 성적인 접촉을 하는 장면, 나쁜 길로 빠지게 하는 친구나 놀이에 쉽게 접근하는 장면들입니다.

부모는 청소년이 자동차의 기계 작동을 아무리 능숙하게 잘 다룬다 할지라도, 자신의 감정과 충동과 환상들은 아직 제대로 통제하지 못한다는 사실을 압니다. 또한 자동차가 사람의 감정과 의도,

그리고 기분을 증폭시키는 일종의 하이파이(hi-fi) 앰프로 사용될 수 있다는 것을 압니다. 속에서만 일어나던 감정적 반응들이 자동차라고 하는 매개를 통해서 동네 불꽃놀이처럼 크게 부풀려집니다. 약간 화가 난 상태에서 자동차가 있으면 살인을 저지를 수도 있습니다. 성적 욕망에 자동차가 주어지면 때 이른 성관계를 유발할 수도 있습니다.

부모가 자동차를 요구하는 자녀의 부탁을 무책임하게 허락하거나 융통성 없이 저지만 하지 않으려면, 이러한 일들을 가정에서 토론할 수 있는 방법을 찾아야 합니다. 부모는 자동차가 십대 자녀에게 의미하는 바의 중요성을 탐구하고 받아들여야 합니다. 운전하는 능력이 상징하는 자녀의 성취를 부모가 존경하고 칭찬하고 싶기도 할 것입니다. 그러나 부모는 자신의 감정과 두려움, 그리고 자신이 알고 있는 청소년의 감정과 충동에 대해서 솔직하고 열린 태도를 가져야 합니다.

그리스도인들은 유년기에서 성인기로 옮겨 간다는 것의 의미를 이해하도록 도와 주는 경험을 계속해서 하게 됩니다. 우리가 청소년기라고 부르는 '유년기에서 성인기로의 생물학적 심리학적 이동'은 평생에 단 한 번 있습니다. 자녀가 그 과정을 겪을 때쯤이면 부모 자신의 경험은 이미 흐릿해져 있습니다. 자신이 겪었던 십대의 날카로운 사건들은, 15년 또는 20년 간의 또 다른 역사를 사는 동안 부식되고 말았습니다. 그래서 그 때는 어땠는지 다시 생각해 내느라 힘겨운 시간을 보내게 됩니다. 그러나 부모가 그리스도인으로서 성장하는 일은 과거로 끝난 것이 아닙니다. 그리스도인으로서 부모는 계속해서 청소년기와 비슷한 성장을 하고 있는 것입니다.

부모도 그리스도 안에서 자녀이며, 제자로서 성숙해 가라는 부르심을 받았습니다. 즉 그들은 그리스도에게까지 자라 가야 하는 것입니다. 만약 부모들이 그리스도인으로서 자신의 삶을 조금이라도 진지하게 여긴다면 때때로 성장의 아픔을 겪게 될 것입니다. 이러한 '성장의 아픔'은 어린아이처럼 신뢰하던 단계에서 스스로 책임지는 단계로 옮겨 간다는 것이 과연 무엇인지, 하나님의 사랑을 받던 자리에서 나아가 다른 이들을 책임감 있고도 자유롭게 사랑하려고 노력한다는 것은 또 무엇인지, 그리고 개인적으로 하나님을 신뢰하는 데서 그치지 않고 일과 가정과 사회적 환경이라는 좀 더 넓은 세계에서 그를 신뢰한다는 것이 무엇인지를 발견하는 일과 관련이 있습니다.

성숙은 사랑과 친밀감과 진리의 체험을 자신의 사적인 영역 너머에까지 확장하는 데서 얻어지는 성과입니다. 그리스도인들은 주님에 대한 단순한 신뢰와 의존이라고 하는 기본적인 관계를 결코 끊어 버리지 않습니다. 그렇다고 '예수님의 팔'을 의지하고 그 안에서 쉬기만 해서는 안 됩니다. "온 세상으로 나아가서 복음을 전하라", 그리고 "서로의 짐을 져서 그리스도의 법을 성취하라"고 하는 집요한 부르심이 있기 때문입니다. 부모는 이러한 과정을 항상 거쳐 가고 있기 때문에(또는 성장하는 그리스도인으로서 항상 **거쳐 갈 수 있기** 때문에), 그들은 청소년이 겪고 있는 일—남에게 의존하던 유년기에서 책임을 요구받는 성인기로의 이동—을 이해하도록 도와

"오늘 밤에 차 써도 돼요?" 155

줄 신선하면서도 최신의 경험들을 갖고 있는 것입니다.

십대들은 그리스도인이 신앙 안에서 경험하는 것을 자신의 감정 안에서 경험합니다. 그들이 가정의 안전과 친밀감으로부터 가정 바깥에 있는 사람들 사이의 일과 사랑의 도전으로 옮겨 가는 것은, 신뢰에서 제자도로 옮겨 가는 그리스도인의 성장과 평행을 이루는 '실제 삶'의 단계입니다. 십대 자녀가 있는 그리스도인 부모는 에베소서 4장 13-15절을 매우 주의해서 읽을 것입니다.

"우리가 다 하나님의 아들을 믿는 것과 아는 일에 하나가 되어 온전한 사람을 이루어 그리스도의 장성한 분량이 충만한 데까지 이르리니, 이는 우리가 이제부터 어린아이가 되지 아니하여 사람의 궤술과 간사한 유혹에 빠져 모든 교훈의 풍조에 밀려 요동치 않게 하려 함이라. 오직 사랑 안에서 참된 것을 하여 범사에 그에게까지 자랄지라. 그는 머리니 곧 그리스도라."

십대와 부모 모두 자동차가 자신들에게 무엇을 의미하는지 이해하려고만 한다면, 자동차에 대한 질문을 매개로 풍성한 대화의 관계를 열 수 있습니다. 부모와 십대 자녀 간의 이러한 교류는 자동차를 통해서 표출된 감정과 열망에 민감해지게 할 수 있습니다. 예를 들면 다음과 같은 질문들입니다.

'내가 속력을 낸다면 그것은 무엇을 말해 주는 것일까?'

'차를 운전하게 되면 내 인생은 표면적으로나 본질적으로 어떻게 달라지고 개선되며, 또한 어떻게 타락할까?'

'자동차가 주는 신속한 기동력을 얻는 것이, 그리스도인의 자의식을 확립하기 위한 역량을 확장하는 데 어떤 역할을 할까?'

'나의 감정, 의지, 목표는 이 기계를 통해서 어떠한 방식으로 표현될까?'

'도구(운송 수단)의 측면에서 자동차는 얼마나 많은 것을 의미하며, 상징(모델 · 색상 · 브랜드 등)의 측면에서는 얼마나 많은 것을 의미할까?'

적어도 부분적으로는, 우리의 개인적인 가치 체계를 지역 사회뿐 아니라 자녀들에게 보여 주는 데에도 자동차가 사용된다는 사실은 꽤 분명합니다. 예를 들어, 자녀들에게는 관용과 영적인 가치의 중요성을 가르치고 이기심과 물질주의를 경계하도록 가르치면서, 우리 자신은 교회에 십일조나 헌금을 바치는 것보다 자동차를 사는 데 더 많은 돈을 쓰지는 않습니까?

부모는 청소년에게 인간성을 시험하는 유용한 도구로 자동차를 바라보도록 가르칠 수 있습니다. 자동차는 영적인 상태를 점검하는 '리트머스 시험지'로 사용될 수 있습니다. 만약 부모가 자동차를 자신의 감정과 결정의 확대판—책임 있는 그리스도인으로서 자신의 모습을 평가할 수 있도록 자료를 제공해 주는 확대판—으로 보는 데 익숙해질 수 있다면, 그리고 그 자료를 대화에 사용할 수 있을 만큼 정직하다면, 자녀들도 자신처럼 하게 할 수 있습니다.

나는 나 자신에게 던질 수 있는 유용한 질문을 하나 발견했는데, 그것은 바로 '이 기계를 통해서 힘과 속도를 부여받게 된 나의 감정, 기분, 야망은 무엇을 의미하는가?' 입니다. 자동차는 나 자신의 모습을 매우 효과적으로 잘 보여 줍니다. 예를 들어, 교통 혼잡 속에서 때로 화가 나서 마구 경적을 울려 대는 자신의 모습을 발견하고 나서야, '사람들에게 관심을 가지는' 나의 본업에 얼마나 많이 무관심해졌는지를 깨닫게 됩니다. 공중 앞에서 낯선 사람에게 고함을 치는 일은 결코 하지 않겠지만(그것은 무례한 행동이며 나는 그리스도인으로서 그리스도의 사랑을 나누고 싶습니다), 다른 사람들도 다 그렇게 한다는 이유로 차 안에 있는 나를 화나게 하는 낯선 사람 누구에게나 경적을 울려댑니다.

어느 작가는 매우 뛰어난 지각으로 이렇게 썼습니다.

> 도심의 교통 사정과 주말이면 도로에 차들이 꼬리에 꼬리를 물고 늘어서는 상황으로 볼 때, 커다란 휠 덮개—쉽게 흠이 가고 충격에 약하다—는 전혀 이치에 맞지 않는 디자인이다. 그것은 구닥다리 취향이나 전시용으로만 의미가 있다. 마찬가지로 미국 차들의 크기와 쓸데없이 추가된 엔진 파워는 일반 사용자들에게 만족을 주기보다는 위대하다는 느낌을 키워 주려고 하는 데 목적이 있다.[24]

따라서 자동차는 나의 모습을 확대해 주고 선전합니다. 내가 인식하고 있건 그렇지 않건, 나의 내면의 삶은 자동차를 통해 '전시'됩니다. 그리고 교통 소음을 통해 표출되는 나의 감정을 드물지 않게 듣게 될 때, 나는 회개해야만 하는 상황에 직면하게 됩니다.

"오늘 밤에 차 써도 돼요?"라는 질문에 대해서, 부모들이 언제 "그래"라고 대답하고 언제 "안 돼"라고 대답해야 하는지 아무도 하나의 공식을 줄 수는 없습니다. 그러나 그러한 대립을 성숙으로 발전시켜 주는 이해 방식은 있습니다.

여기서 성숙은 십대 자녀와 부모 모두의 성숙을 말하는데, 자동차 문제는 십대 자녀뿐 아니라 부모에게도 성숙하지 못한 반응, 즉 융통성 없이 금지만 하거나 경솔하고 안이하게 묵인만 하는 반응을 불러일으킬 수 있기 때문입니다. 부모의 그러한 반응은 청소년의 미숙함만을 강화시킬 뿐입니다. 이러한 상황에서는 "그래" 또는 "안 돼" 모두 똑같이 형편없는 대답들입니다.

물론, 그 질문을 그냥 무시할 수는 없습니다. 그러나 더 나아가서 청소년의 호기심을 통해서 부각된 자동차의 지위는 놀라운 기회를 마련해 줍니다. 자동차 문제로 인해 자동차가 상징하는 가치 체계 전부를 평가할 기회가 생긴 것입니다.

부모가 청소년의 격한 에너지와 반발을 불안한 마음으로 다스리는 과정에서, 자동차 문제는 청소년과 부모 모두 관련된 몇 가지 사항, 특히 성숙과 관계되는 사항들이 무엇인지 분명히 보여 줄 수 있습니다. 주 경찰이 운전자의 운전 능력을 다루듯, 가정은 감정적인 성숙과 개인적인 책임의 문제, 그리고 가치 체계를 다룰 수 있습니다. 부모와 청소년이 자동차 문제를 이러한 맥락에서 진지하게 받아들일 때, 그들은 자동차가 "온전한 사람을 이루어 그리스도의 장성한 분량이 충만한 데까지"(엡 4:13) 이르는 모험에 동참할 수 있도록 공통의 기반을 마련해 주는 하나의 '도구'라는 사실을 발견하게 될 것입니다.

성장을 위한 질문 Study Questions

1. 당신은 언제 처음 자신의 차를 가졌습니까? 그것을 어떻게 얻었습니까? 누가 주었습니까, 아니면 직접 돈을 벌어서 샀습니까?

2. 당신의 십대 자녀는 자동차와 어떤 관계를 가지고 있습니까? 무엇을 원하고 요구합니까? 무엇을 얻습니까? 당신과 주로 충돌하게 되는 영역은 무엇입니까?

3. 십대 자녀가 차를 쓰는 일에 대해 당신이 가장 두려워하는 것은 무엇입니까? 당신이 두려워하고 있다는 것을 어떻게 자녀에게 알립니까?

4. 당신의 자녀가 책임감이 있다고 볼 만한 징조들은 무엇입니까? 그의 미성숙함을 드러내는 가장 큰 징조들은 무엇입니까?

5. 차는 당신에게 운송 수단 이외에 어떤 의미가 있습니까? 자동차를 선택할 때 가격과 스타일 면에서 당신이 내리는 결정을 통해, 다른 사람들이 추론할 수 있는 당신의 개인적인 가치들은 무엇입니까? 당신은 자녀들이 그 가치를 수용하기를 원하십니까?

6. 우리의 인간 조건을 가장 깊이 있게 들여다본 현대의 관찰자

중 한 사람인 맥스 러너의 다음 글을 읽고 토론하십시오.

"미국인들은 가정에서 보내는 시간과 거의 비슷한 시간을 자동차 안에서 보낸다. 자동차는 더 이상 미국의 엘리트들이나 누리는 사치가 아니다. 자동차는 미국 대중이 강박적으로 받아들이는 생활 수준이 되었다. 그것은 심지어 적절한 주택이나 교육 또는 건강보다 더 중요한 심리적 욕구를 충족시켜 주고, 당신의 생활 수준이 지역 사회의 일원으로 용납될 만한 것인지를 평가하는 중요한 시험이 된다."[25]

7. 당신의 삶 속에서 '성장'이 촉진되었던 전환점, 즉 당신 자신의 성숙을 상징해 주는 사건 두 가지를 설명해 보십시오.

8. 당신이 경험한 그리스도인으로서의 성장과 신앙 안에서의 발전이, 청소년 자녀가 유년기에서 성인기로 성장하는 것을 이해하는 데 어떻게 도움이 됩니까?

청소년기의 영성에 대하여

⑪ 나보고 이래라 저래라 하지 마세요

청소년기에는 유년기의 속박들을 벗어 버리고

성인기에 도달하고 싶어 안달이 납니다. 금지 조항들은 더 이상 자신의

"유익을 위한 것"으로 받아들이지 않고, 자신의 마땅한 권리인 영성을

획득하지 못하게 하는 '구속'으로 여겨 분개합니다.

현대 기술의 출현 이전에 광부들은 환기(換氣)굴이나 통로로 들어갈 때, 안전을 위해 새장에 카나리아를 한 마리 넣어 갔습니다. 만일 독가스가 작업장으로 새어 들어오거나 작업장에 산소가 부족해지면 그 즉시 카나리아가 죽었는데, 그것이 위험을 알리는 신호가 되었습니다. 인간의 폐가 어떤 이상을 감지하기 전에 카나리아의 연약한 생리기능이 먼저 치명적인 공기에 굴복했기 때문에, 광부들은 도망갈 시간을 벌 수 있었던 것입니다. 그래서 카나리아가 쓰러지면 그들은 재빨리 밖으로 나갔습니다.

오래 전부터 나는 청소년을 우리 부모들의 카나리아로 생각해 왔습니다. 새롭게 일어나는 아직은 연약한 그들의 영성은, 어른들이 이미 오래 전에 적응해 버린 치명적인 환경 조건에 민감합니다. 그들이 떨어져 나가거나 무너지는 것을 보게 되거나, 그 외에 우리 모두가 숨쉬고 있는 공기에 무슨 이상이 생겼다는 다른 증거들을 그들에게서 보게 되면, 그것을 눈치채고 보호책을 마련하는 것이 좋습니다.

약물 남용은 누가 보더라도 오늘날 우리가 숨쉬고 있는 공기를 치명적인 것으로 만드는 주요 원인제공자이며, 놀랄 만큼 많은 청소년들이 그로 인해 죽어 가고 있습니다.

> 미국의 인구는 전 세계 인구의 5%에 불과하지만, 우리는 전 세계 약물 소비량의 50%를 소비하고 있다. 그 잘못은 콜롬비아의 무슨 '약물 기업 연합'이나 중국의 양귀비 재배업자들에게 있는 것이 아니다. 잘못은 우리 안에 있다. 한 때 이 나라의 기틀을 다졌던 비전이 이런 저런 이유로 점점 더 많은 사람들을 실망시킴으로써, 꿋꿋하게 견디기보다는 마약에 나가떨어지는 쪽을 선호하게 만들고 있다.[26]

청소년기는 영성이 확장되는 시기입니다. 그 시기가 확실하게 존재한다는 사실과, 그것이 결코 흐지부지 지나가는 시기가 아니라는 사실을 부모들이 절대로 과소평가해서는 안 됩니다. 그러나 청소년의 영성은 지혜롭지 못하고 제대로 형성되어 있지도 않으며 성숙하지도 않습니다.

영성이 우리 삶의 중심에 반드시 필요하고 또 분명하게 자리잡고 있어야 한다는 청소년들의 증언은 우리가 받아들이지만, 영성의 문제에 있어서 청소년들더러 우리를 안내해 달라고 하지는 않습니다. 이 두 가지를 구분하는 것이 반드시 필요합니다. 청소년들이 자신의 삶을 통해서 보여 주는 증거에 대해서는 전적으로 주의를 기울이지만, 그 문제에 대해서 그들이 하는 말에는 얽매이지 말고 분별력을 가져야 합니다. 광부들의 카나리아처럼, 청소년은 우리가 알아채야 하는 '신호'이지 따라해야 하는 '모델'은 아닙니다. 지금 여기서 다루고자 하는 주제, 즉 마약 문제에 대해서는 이 사실을 특히 더 강조해야 하는데, 이 주제가 매우 감정적이며 문화적으로 지나치게 통제를 벗어나 있기 때문입니다.

마약으로 황폐하게 된 인생들이 우리 주변에 난파되어 있습니다. 자기 아들이나 딸에게 많은 소망을 갖고서 숱한 기도와 사랑을 쏟은 부모가, 마약이라는 주제에 대해서 냉정하게 객관적이 되기란 불가능합니다. **자기** 자녀가 마약을 사용했을 가능성이나 그런 증거가 조금이라도 있을 때는 특히 그렇습니다. 그럼에도 나는 나의 견해를 지키고자 합니다. 즉 이 문제의 핵심에는 영성의 문제가 있다는 것입니다. 그리고 나의 확신을 다시 한 번 단언하고자 합니다. 청소년이 경험하는 모든 일들은, 그 부모를 '그리스도 안에서' 더 많이 '성장'하게 하는 기회이며 자극입니다.

그러나 이에 대해 논의하기 전에 먼저 중독의 상황에 대해서 이야기하려 합니다. 만일 당신의 십대 자녀가 이미 오래 전에 시험 단계를 지나 실제로 음주나 마약 문제를 안고 있다는 사실을 발견하게 된다면, 토론은 제쳐 두고 신속하게 행동해야 합니다.

마약 중독은 '치료'가 우선이며 '이해'는 나중 일입니다. 중독은 심각하고도 생명을 위협하는 병으로서 죄로 인해 더 복잡해지며, 전문적인 도움을 필요로 합니다. 부모는 그러한 도움을 줄 자격이 가장 적은 사람입니다.

대부분의 지역 사회에는 마약 치료 센터가 있으며, 아무런 망설임 없이 그러한 기관을 이용해야 합니다. 중독은 심장마비만큼 심각하며 즉각적인 도움을 필요로 합니다. 그리고 모든 지역 사회에는 정기적인 '알코올 중독자 모임'(Alcoholics Anonymous)과 '마약 중독자 모임'(Narcotics Anonymous)이 있습니다.[27]

당신이 살고 있는 지역 사회에는 자녀들의 약물 중독 문제를 안고 있는 부모들이 많이 있습니다. 당신이 안고 있는 문제가 이러한 것이라면 관련 기관이나 단체 또는 모임을 통해서 그들의 조언을 구하고 그 안에서 친구를 사귀도록 해야 합니다.

이제 다시 나의 기본적인 입장으로 돌아와서, 청소년기는 대체로 그 본질상 하나의 영적인 상태(a spiritual condition)라는 점을 살펴보겠습니다. 청소년들이 영적이지 않다면 그들은 아무것도 아닙니다. 영성은 청소년기에 맹렬하게 수면 위로 떠오릅니다. 부모들은 때로 그 사실을 놓치는 경우가 있습니다. 급격한 성장, 호르몬의 폭발, 성적인 부위와 외모의 갑작스러운 변화로 인해 모든 관심을 끌어 모으는 것은 청소년의 '몸'이기 때문입니다.

그러나 청소년의 몸이 그 주인을 온갖 종류의 새로운 역량과 감각들로 놀라게 하는 바로 그 때, 청소년의 영혼 또한 급격하고 유례 없는 발전을 하고 있습니다. 청소년들이 느끼는 영혼의 어색함은 몸의 어색함에 견주고도 남습니다. 청소년들은 여러 가지 신호를 보내며 싹터오르는 자신의 몸에 대해 서투른 만큼, 새롭게 부

상하는 영혼의 가치들에 대해서도 서투릅니다. 그러나 그들의 영
혼은 보이지 않는 반면 몸은 너무나 명백하게 보이는데다가 요란
스럽기까지 하기 때문에, 청소년의 영성은 아무도 알아차리지도
못하고 눈치조차 채지 못한 채 지나가 버리게 됩니다.

청소년의 영성은 무엇보다도 자신의 독특성, 특수성을 인식하는
것입니다.

'부모님이 나에 대해 깨닫고 있는 것보다, 선생님들이 나에 대
해 관심 가지는 것보다, 내 친구들이 나에 대해 소중하게 여기는
것보다, 나에게는 더 많은 것들이 있다. 나와 같은 사람은 없다.
나는 **나**다. 그리고 **나**의 의미는 나보다 크다. 나는 내 가정의 테두
리와 학교의 울타리, 그리고 이웃들의 잡담을 넘어서는 중요성을
가지고 있다.'

이러한 인식은 이제 초월성에 대한 인식으로 발전합니다.

'인생에는 내가 먹는 음식과 입는 옷, 그리고 갖기를 바라는 직
업보다 더 많은 것이 있다. 목적과 의미와 가치가 있는 것이다.'

때로 이것은 그저 막연한 갈망이거나, 정의하기 어려운 굶주림
과 갈증일 수도 있습니다. 또 어떤 때는 기도와 하나님께 분명하
게 집중되기도 합니다.

그러나 이러한 영적인 인식은 사회적으로 검증받을 기회가 거의
없습니다. 청소년들은 계속해서 시험을 치릅니다. 어른들의 세계
는 청소년들에게 심리, 적성, 직업, 아이큐, SAT(Scholastic
Aptitude Test, 미국의 대학 진학 적성 시험)라고 하는 종합 테스트를
치르게 합니다. 그 결과 그들은 등급이 매겨지고, 서로 비교됩니

다. 자신이 무슨 일을 할 수 있는지, 누구랑 결혼해야 하는지, 현존하는 세계에 어떻게 적응할 수 있는지에 대해서도 듣습니다. 그러나 많은 비용이 드는 이 모든 시험 중에서 청소년의 영혼을 측정하는 시험은 없습니다. 그들의 영성은 무시되고 있는 것입니다.

청소년은 자기 또래들 사이에서도 별다른 대우를 받지 못합니다. 그들이 자기 또래들 사이에서 용납되고 말고는, 그가 그 모임에 얼마나 들어맞느냐에 달려 있습니다.

'나는 알맞은 옷을 입고, 최신 유행 은어를 쓰며, 요즘 음악을 알고 있는가? 비틀거리거나 한 박자라도 놓치면 끝장이라는 것을 나는 안다. 추방되는 것이다. 그 속에 끼지 못하면 나와야만 한다.'

청소년이 자기들끼리 만드는 블랙리스트보다 더 잔인하고 독단적인 것은 없습니다. 영성을 부인하거나 무시하는 문화 속에서 자신의 영성, 자신의 **내향성**(inwardness)을 두드러지게 자각하는 이러한 상황이 바로 청소년들을 마약의 매혹에 그토록 나약하게 만드는 것입니다.

마약은 매우 하찮게 여겨지는 그들의 영혼을 즉각적이고도 설득력 있게 확인해 줍니다. 마약 사용은, 적어도 그 초기 단계에서는 영적인 **느낌**을 줍니다. 사물의 핵심에 도달하는 듯한 느낌, 일상생활의 사소하고 세속적인 짜증을 초월하는 듯한 느낌, 무언가 크고 아름답고 평화로운 곳으로 들어가는 듯한 느낌이 있습니다. 그것은 고리타분하고 틀에 박힌 사람들은 들어올 수 없는 세상에 자신이 인사이더(insider)가 된 듯한 기분입니다. 마약은 내적 지각력

을 고쳐시켜 주고, 초월적으로 보이는 것들에 대해 창이고 문이고 다 열어 줍니다.[28]

따라서 마약에 대해 부모가 가장 먼저 이해해야 할 것은, 청소년이 마약을 하는 데는 거의 항상 영적인 요소가 있다는 점입니다. 그것을 단지 나쁜 짓이나 규칙을 어기는 문제 또는 부모나 사회의 기준에 반항하는 문제로 보아서는 결코 이해할 수 없습니다.

나는 마약에 빠지기 쉬운 청소년들의 성향을 '역량의 확대'라는 관점에서 바라봄으로써, 부모와 십대 자녀 사이의 공감대를 세우고 싶습니다. 부모 자신이 지금까지 "아들" 또는 "딸"이라고 불러 온 청소년 자녀가 마약을 사용한다는 사실을 발견하는 것보다 더 냉혹하게 그 공감대를 무너뜨리는 것은 없습니다. 겉으로는 모든 면에서 법을 잘 지키는(규칙을 지키고, 도로에서 속도 위반도 안 하고, 숙제도 잘 하고, 집안 일도 하는) 것 같아 보였던 아이가 훌륭한 시민이기는커녕 건방진 범죄자라니! 이 격렬한 기대의 붕괴, 이 갑작스러운 인식의 왜곡은 부모에게 폭발적인 반작용을 촉발시킵니다. 그리고 그들 사이에 듣고 토론하고 논쟁하고 나서 해결책을 찾을 수 있는 공감대 대신에 심연이, 블랙홀이 자리잡게 됩니다.

부모들이 속해 있는 책임의 문제가 따르는 성인 사회에서 마약은 무엇보다 범죄 계급과 연관되어 있습니다. 마약 밀매가 범죄 행위이기 때문에, 마약을 하는 것도 범죄 행위라고 보는 것은 퍽 자연스러운 일입니다. 그러나 규정상 그렇다는 것일 뿐, 청소년들은 대개 그렇게 생각하지 않습니다.

영적으로 빈곤한 문화 속에서 생겨나는 영적인 갈망은 사람들을 마약에 약해지게 만듭니다. 이 영적인 빈곤은 성인과 청소년의 경계뿐 아니라, 사회와 경제의 경계를 뛰어넘습니다. 마약을 하는 것은 못 배운 사람들만큼이나 교육받은 사람들 사이에서도 흔하고, 가난한 사람들만큼이나 부자들 사이에서도 흔하며, 슬럼가만큼이나 주택가에서도 흔하고, 평판이 좋지 않은 사람들만큼이나 존경받는 사람들 사이에서도 흔한 일입니다. 그리고 성인들만큼이나 청소년들 사이에서도 흔한 일입니다.

청소년기로 접어들면서 아이들은 죄의 영적인 측면을 깨달을 수 있게 됩니다. 죄는 단지 어기면 지옥불에 던진다는 조건을 달고 하나님이 금지하셨기 때문에 범하지 말아야 하는 일이 아닙니다. 청소년들은 점차(또는 갑자기!) 죄란 하나님과 같은 독립성을 주는 것, "하나님과 같이 되어 선악을 알게"(창 3:5) 해 주겠다는 제안이라는 것을 깨닫게 됩니다. 그것은 단지 감각적인 만족("먹음직도 하고 보암직도 하고")을 약속할 뿐 아니라, 영적인 깊이("지혜롭게 할 만큼")도 약속해 줍니다.

영적인 역량이 급격하게 성장하고 초월성에 대한 갈망이 상당히 커지는 청소년이 되기 전까지는, 이러한 방식으로는 유혹받을 수 없습니다. 남에게 의존해야만 편안하게 지낼 수 있는 어린아이라면, '자기 혼자서' 해낼 수 있다는 생각 자체가 들지 않습니다.

그러나 성인기가 눈앞에 보이는 청소년기에는 유년기의 속박들을 벗어 버리고 성인기에 도달하고 싶어 안달이 납니다. 그리고 악마는 신성(神性)을 주겠다고 함으로써 어른이 되는 지름길을 약속합니다. 그들은 금지 조항들을 더 이상 자신의 '유익을 위한 것'

으로 받아들이지 않고, 자신의 마땅한 권리인 영성을 획득하지 못하게 하는 '구속'으로 여겨 분개합니다. 청소년의 통찰력이 절대적으로 옳은 것 하나가 여기에 있습니다. 죄는 사실 대부분 영적인 문제입니다. 물론 거기에는 도덕적인 차원도 있고, 그들을 위험에 빠뜨리며(또는 빠뜨리거나) 함께 살기 힘든 사람으로 만드는 행동 양식의 문제도 있습니다. 그러나 죄에 해당하는 것들은, 대부분 뜻과 목적과 의미를 추구하는 영성의 문제입니다.

유년기에 두드러지게 나타나는 것은 죄의 도덕적 측면이며, 청소년기에 표면에 드러나는 것은 죄의 영적 측면입니다. 최초의 죄, 즉 "하나님과 같이" 되기를 열망한 것은 그야말로 영적인 죄였습니다. 그 이후로 죄는 거의 대부분 영적인 차원에서의 시도, 즉 나 아닌 존재나 나보다 나은 존재가 되고자 하거나 평범하게 죽을 수밖에 없는 운명 너머로 우리를 데려다 주는 무언가를 잠깐만이라도 체험해 보고자 하는 시도가 되었습니다.

청소년들은 하룻밤 사이에 죄의 영적 측면을 알아차리는 것 같습니다. 즉 어른의 감시를 받아야 하는 유년기의 무지함과 종속적 관계와 유치한 행태로부터 자신들을 자유롭게 해 준다는 약속이 죄 속에 있다는 것을 아는 것입니다. 그리하여 그들은 곧 부모에게 "나보고 이래라 저래라 하지 마세요!"라고 말하게 됩니다. 그 말이 맞습니다. 이제 부모는, 적어도 그리 오래는 그렇게 할 수 없습니다. 몇 년 후면 청소년들은 우리의 손을 벗어날 것입니다. 그렇다면 그렇게 될 때까지 우리는 무엇을 해야 합니까?

우리가 해야 하는 일 중 하나는 죄의 영성에 대해서 토론을 시작하는 것입니다. 청소년들이 이와 같은 영성을 예리하게 인지하고 있기는 하지만, 거짓 영성과 참된 영성, 즉 확실한 죽음으로 이끄는 악마의 제안과 영원한 생명으로 이끄는 하나님의 명령은 잘 구분하지 못하기 때문입니다. 청소년들은 에덴 동산의 아담과 이브처럼 영적으로 매력이 있습니다. 그리고 그만큼 잘 속습니다.

모든 죄가 어느 정도 영성의 요소를 가지고 있는 반면, 적어도 청소년의 입장에서는 마약만큼 강력하고 매혹적인 영적 요소를 가진 것은 아무것도 없습니다. 이러한 영성의 배경을 확고하게 인식하고 이해해야 비로소 마약을 '사기 영성'이라고 단정지을 만한 신빙성이 생깁니다.

마약은 처음에 영혼, 의미, 사랑, 운명, 아름다움, 그리고 우주적 연계성의 문제들을 다루고 있다는 환상을 줍니다. 그러나 그것이 가장 잔인한 환상이었다는 사실은, 빠르고 늦음의 차이만 있을 뿐 어김없이 드러나게 됩니다. 마약에는 어떠한 영성도 없습니다. 영성이 있다고 인식되는 것은 순전한 환상입니다.

마약은 우리의 영혼을 발전시키거나 의식을 확장시켜 주지 않으며, 사랑과 아름다움과 하나님에 대해 우리를 자유롭게 해 주지 않습니다. 그것은 우리의 내면을 화학적으로 손상시키며 우리를 속이고, 우리의 몸과 영혼을 중독의 황무지로 추방해 버립니다.

의에 목마르고 굶주린 모든 사람들에게 영혼의 만족을 약속해 놓고 돌아서서는 그들을 중독의 지하 감옥에 가두어 버리는 사기 물품들은, 시장에서 제공되는 마약뿐이 아닙니다. 일, 지위, 섹스, 음식, 그리고 권력도 중독이 될 수 있습니다.[29] 그러나 마약은 무엇보다 분명히 겉으로 드러나는 문제인데다 누구나 쉽게 노출될 수 있고 유혹받을 수 있는 문제이기 때문에 부모와 십대 자녀의 영성을 돌아보는 대화를 나누기가 쉽습니다. 이런 대화는 정말 필요합니다. 부모건 십대 자녀건, 우리 모두가 사이비 영성이 계속해서 밀고 들어오는 영적 빈곤 상태 속에서 살고 있기 때문입니다.

사이비 영성의 모든 문제를 다룰 때 꼭 필요한 단어는 "안 돼"입니다. 우리는 쉽게 "안 돼"라고 말할 수 있는 능력을 습득해야 합니다. 우리는 부정(否定)의 전문가가 되어야 합니다. 그러나 이것은 특별한 종류의 거부인데, 청소년에게는 다소 새로울 것입니다.

청소년기 이전에는 "안 돼"라는 말이 주로 금지 조항들로 구성되어 있었습니다. 그 조항들은 특정한 행동들을 금하고 있는데, 그 이유는 그 행동이 자신이나 사회에 해롭기 때문입니다. 그 금지 조항들은 인생이라는 게임에서의 규칙입니다. 그 규칙들은 사물과 동물, 그리고 사람들과의 관계에서 조화를 이루며 살아가게 해 줍니다. 그 규칙들은 작은 식사예절("입에 음식을 넣은 채 말하지 말아라")에서부터 생존에 관계되는 큰 문제들("살인하지 말지니라")에 이르기까지 다양합니다.

어린아이들은 세상에서의 경험이 거의 또는 전혀 없기 때문에, 그들이 하는 대부분의 거부는 다른 사람들이 부과한 금지 조항들입니다. 아이들은 어떤 것이 금지되는 이유를 이해할 필요가 없고, 그냥 순종하기만 하면 됩니다. "왜?"라고 묻는 것은 위험합니다.

순종을 희석시키고 미루기 때문입니다. 만일 아이들이 순종하기 전에 이해하고자 고집한다면("낭떠러지 끝에 그렇게 가까이 서면 안 돼!" "그 열매는 먹으면 안 돼!" "찻길에 뛰어들면 안 돼!"), 그들은 죽은 것이나 다름없습니다. 인생의 처음 몇 년 동안 아이들은 맹목적인 순종, 생각 없는 순종, 질문하지 않는 순종의 훈련을 받습니다.

그러나 금지 조항이 자발적인 거부로 발전해야 하는 때, 곧 외부로부터 주어진 "안 돼"가 내부로부터 주어진 "안 돼"가 되어야 할 때가 옵니다. 청소년기는 이러한 발전이 있어야 할 최적의 시기입니다. 이 때가 바로 거부의 관점에서 도덕성과 영성을 기본적으로 분별해야 하는 시점입니다.

도덕성의 문제에서는 대부분 금지 조항을 다루게 됩니다. "안 돼"가 외부로부터 주어지는 것입니다. 반면 영성의 문제에서는 대부분 거부를 다루게 됩니다. "안 돼"가 내부로부터 주어지는 것입니다. 영성으로 발전하지 않는 도덕성은 대부분 외적인 것이며, 그것은 마치 중세의 기사가 입고 있는 성가신 갑옷과 같습니다. 영성으로 발전하는 도덕성은 대부분 내적인 것이며, 그것은 마치 올림픽 육상 선수의 유연한 몸놀림과 민첩한 반사작용과 같습니다.

청소년기에 반복되고 강화되어서 성인기까지 이어지는 도덕적 금지 조항들은 힘겹고, 억압적이며, 기쁨이 없습니다. 반면에 청소년기에 체득한 거부는 우리가 "모든 무거운 것……을 벗어 버리고 인내로써 우리 앞에 당한 경주를 경주"(히 12:1)할 수 있게 해 줍니다. 사람을 경직시키는 금지 조항들은, 종신형 선고를 받고 사형 수 감방에서 사는 것과 같은 억압이 되어 버립니다. 그러나 이러한 금지 조항들이 자발적인 거부로 발전해 갈 때에는, 희생적인 사랑을 할 수 있도록 우리를 자유롭게 해 줍니다. 그리고 이 희생적인 사랑의 절정은 부활입니다.

이 모든 것은 예수님이 마가복음 8장 34절에서 하신 말씀에 선명하게 초점이 맞추어집니다.

"아무든지 나를 따라오려거든 자기를 부인하고 자기 십자가를 지고 나를 좇을 것이니라."

나는 때로 이 말씀이 청소년기의 **최고** 핵심 본문이라고 생각합니다. 청소년기가 우리 인생의 드라마에서 과도기적인 시간이듯이, 이 말씀은 복음서의 드라마에서 과도기적인 본문입니다.

마가복음의 전반부는 유년기와 유사한 것으로 볼 수 있습니다. 거기에서 예수님은 주로 우리에게 무엇인가를 해 주시고, 세상의 일을 설명해 주시는 분으로 나타납니다. 예수님은 도와 주시고 치유하시며 지시하시고 가르치십니다. 예수님은 모든 것을 회복하시고 새롭게 하셔서, 우리에게 하나님을 계시해 주고 계십니다. 예수님의 이러한 사역의 결과는 건강한 육체, 건전한 정신, 든든한 배(腹), 안전한 길입니다.

마침내 곳곳에서 증거가 쌓여 가면서 베드로가 지금까지 일어난 일들을 깨닫고 "당신은 그리스도이십니다!"라고 말합니다. 베드로는 예수님 안에 계시된 하나님을 알아 본 것입니다.

"이 분은 우리 가운데 계신 하나님이시다! 세상의 구원자이시다!"

바로 이 시점, 조금 전도 아닌 바로 이 때, 예수님은 당신의 위대한 "안 돼"를 언급하십니다. 바로 자발적인 거부로의 부르심입니다.

"자기를 부인하라. 날마다 자기 십자가를 지라."

특별히 유념해야 할 것은 이것이 순종해야 할 금지 조항이 아니라, 받아들여야 할 자발적 거부라는 사실입니다. 예수님은 제자들을 결박해서 예루살렘과 십자가로 행진해 가게 하지 않으셨습니다. 그 자신이 부활을 향해 나아가면서 받아들인 자발적 거부의 길을 그들도 따르도록 초대하십니다.

참된 삶이 익숙할 때에야 비로소 우리는 거짓된 삶을 거부할 수 있습니다. 제자들이 예수님과 함께 지냈던 그 '성장'의 시간들은, 하나님께서 예수님 안에서 우리에게 주시는 것은 '생명'이라는 사실을 구체적으로 깨닫는 시간이었습니다. 곧 은혜, 치유, 용서, 악에서의 구원, 기적의 식사, 개인적인 현존과 하나님의 말씀을 통해서 예리하고 정확하게 깨달았던 것입니다.

그리고 그들은 이제 생명이 자기 보존, 자립, 자기 권력 확대, 자만이 **아니**라는 것을 압니다. 생명이 무엇인지를 알았기 때문입니다. 그 생명은 십자가상에서 명백하게 나타난, 예수님이 계시하신 생명입니다. 그것은 희생적인 생명, 관대하며 지나칠 정도로 사랑하는 생명, 자기 자신에 대한 자발적이고 희생적인 죽음을 통해서 세상을 위한 부활이 되는 생명입니다. 그러므로 "자기를 부인하고 자기 십자가를 져야" 합니다.

자발적 부인은 자아와 거짓 영성과 사이비 인생의 혼잡스러움을 없애 버려서, 우리 안에 하나님과 참된 영성과 영원한 생명을 위한 자리가 있게 합니다. 이러한 맥락에서 '안 돼'는 자유의 단어입니다. 그것은 거짓 약속과 잘못된 길과 그럴듯한 유혹으로부터 우리를 해방시켜서, 우리가 은혜와 자비와 사랑과 하나님을 누리는 자유를 얻어 구원받은 삶, 온전한 삶, 풍성한 삶을 살 수 있게 해 줍니다.

이 '안 돼'라는 말의 앞과 뒤에는 놀랍도록 긍정적인 초대의 동사 '따르라'가 놓여 있습니다. **모든** 영적인 거부가 사실은 이와 같습니다. 자기를 부인하고 십자가를 짐으로써 우리는 자유롭게 예수님을 따를 수 있게 됩니다. 이러한 삶은 충만하면서 동시에 자유로울 수 있는 유일한 삶입니다.

어린이는 청소년의 길로 접어들면서 자기도 이러한 삶을 누릴 수 있게 되었다고 느낄 것입니다. 그것은 부모나 학교나 문화가 규정하고 기대하는 삶을 훨씬 뛰어넘는 삶, 성령께 주의를 기울이고 반응하는 삶, 즉 **영적인** 삶입니다.

이처럼 강렬하고 소중하지만 동시에 소멸될 위기에 놓여 있는 청소년기 영성에 대해 다루다 보면, 정작 부모인 **우리의** 영성에 문제가 많다는 사실을 발견하고 충격을 받는 경우가 자주 있습니다. 우리는 영적인 삶 대신 바쁜 삶을 살았고, 반응하는 삶 대신 책임만 지는 삶을 살았습니다.

때로 우리는 사이비 영성이 중독으로 변해서 우리 내면의 삶을 파괴하고 자유를 **빼앗아** 감으로써, 이 중년의 나이를 둔하고 무미건조하게 보내도록 내버려 두었다는 사실을 놀라움으로 발견하게 됩니다.[30] 그럴 때 우리 가정의 청소년은 "지극히 높으신 이의 선지자"(눅 1:76)로서 우리를 위해 세례 요한의 역할을 함으로써, 우리에게 예수님의 현존과 영광을 인식할 수 있게 해 주는 위치에 자주 서게 됩니다. 그리하여 우리는 "하나님을 영화롭게 하고 영원히 하나님을 즐거워하게"[31] 해 주는 영혼의 깊은 울림을 계발할 기회를 다시 얻게 되는 것입니다.

성장을 위한 질문 Study Questions

1. 당신이 자란 가정에 알코올이나 마약 문제(혹은 둘 다)를 가진 사람이 있었습니까? 이것이 당신에게는 어떤 영향을 미쳤습니까?

2. 창세기 3장을 읽고 '죄의 영성'에 대해서 토론하십시오(223-224쪽에 성경 본문이 실려 있음-엮은이). 당신은 죄를 '영적인 것'으로 생각해 본 적이 있습니까?

3. 알코올이나 마약 이외에 당신이 주변에서 보게 되는 중독에는 어떤 것들이 있습니까? 당신 스스로가 빠지기 쉽다고 느끼는 중독은 없습니까? '사이비 영성'의 중독에 빠질 가능성이 당신 삶 속에 조금이라도 있는지 점검해 보십시오.

4. 당신이 잊어버렸거나 심지어 전혀 눈치도 못 챘던 영성의 양

상들을 당신의 청소년 자녀가 인식하게 해 주었던 적이 있습니까? 어떻게, 어떤 방식으로 그렇게 해 주었습니까?

5. 다음의 문장을 가지고 토론하십시오.
"그것은 순종해야 하는 금지 조항이 아니라, 받아들여야 하는 자발적 거부다."
당신은 금지 조항과 자발적 거부의 차이점을 어떻게 체험하고 있습니까?

6. 당신 자신의 삶에서 단순한 "안 돼"가 엄청난 자유를 누리게 해 주었던 일들을 생각해 보십시오. 어떤 사례가 있습니까?

대실패에 대한 반응

⑫ 나를 절대 용서 안 하실 거예요

용서는 죄를 직시하는 것입니다. 그리고 죄의 결과를 받아들입니다.

죄로 인해 어떤 고통과 대가가, 어떤 귀찮은 일과 불편이 생길지라도

그 모두를 받아들이는 것입니다.

대체로 불안정한 청소년의 성격과 또래들로부터 받는 억압, 그리고 사회의 도덕적 혼란을 고려할 때, 가장 책임감 있는 부모의 자녀라 할지라도 '문제에 빠질' 여지는 항상 있습니다. 그런 일이 실제로 일어나기 전에 '그럴 수도 있다'는 가능성을 받아들이는 부모들은, 실제 상황에 대비해 '미리' 대응 전략을 세울 수 있습니다.

'좋은 부모 밑에서 착한 자녀가 나온다'고 장담할 수 있을까요? 많은 부모들이 그렇다고 생각합니다. 어머니와 아버지로서 책임 있고 현명하게 일을 잘 해내고, 기독교 가정을 마련해 주고 신실하게 기도하면, 그리고 "주의 양육과 권고로" 자녀를 양육하면, 자녀들이 다 잘 될 것이라고 생각합니다.

그러나 그러한 가정(假定)을 지지해 줄 만한 근거는 극히 희박합니다. 조금만 둘러보아도 정말 위대한 사람들 중에도 말할 수 없이 비참한 가정에서 자라난 사람들을 곧바로 찾을 수 있습니다. 그리고 매우 불안해하는 사람들 중에도, 안정적이고 책임 있는 기독교 가정에서 양육받은 사람들이 그리 드물지 않게 있습니다.

겉모습만 보아서는 알 수 없다는 사실을 인정한다 하더라도, '좋은 부모는 훌륭한 자녀를 만든다'는 공식에는 여전히 예외가 많기 때문에 적합한 진리로 받아들이기는 힘듭니다(아버지는 알코올 중독자이고 어머니는 매춘부지만, 둘 다 "마음씨가 비단결" 같았기 때문에 그 아들이 인정 많은 의사로 성공했다는 사실이 납득이 가는 경우도 있고, "교회의 기둥인" 부모가 지독한 바리새인들이어서 그 딸이 당하는 더러운 불행은 그들이 받아 마땅한 벌인 경우도 있습니다).

그렇다고 부모가 최선을 다해 자녀를 양육해야 하는 책임을 면제받는 것은 아닙니다. 그리스도인 부모들은 하나님이 주신 자녀들을 사랑으로, 책임감을 가지고, 진지하게 대하라는 엄한 명령을 받고 있습니다. 그러나 그에 대한 보상은 보장되어 있지 않습니다. 그렇다고 부모가 하는 일이 자녀에게 별다른 영향을 끼치지 않는다는 말은 아닙니다. 사실은 엄청난 영향을 끼칩니다.

좋은 부모는 이루 헤아릴 수 없는 자산(資産)입니다. 그럼에도 불구하고 여전히 세상에서 가장 좋은 부모라고 해서, 그들의 십대 자녀가 절대 지혜롭지 못한 결정을 내리지 않을 것이라거나 결코 악한 선택을 하지 않을 것이라는 보장은 없습니다.

그리스도인들은 결정론자가 아닙니다. 우리는 환경이 사람을 그리스도인으로 만든다고 믿지 않으며, 유전이 사람을 의롭게 만든다고도 믿지 않습니다. 훈련이 사람을 도덕적으로 만들 수 있다고 믿지 않으며, 세례가 믿음의 사람을 만들어 낼 수 있다고도 믿지 않습니다. 기독교의 신학은, 모든 사람은 그 자신이 하나님 편에 설 것인지 아니면 하나님께 대항할 것인지를 스스로 선택해야 한다고 주장합니다. 각각의 인생들은 그러한 결정들이 쌓여서 이루어진 것입니다.

그 누구도 다른 사람을 위해 바른 선택을 해 줄 수는 없습니다. 선택은 자유입니다. 결정은 열려 있습니다. 성장 배경이나 양육 환경에 상관없이 누구나 두 가지 중 하나의 길을 선택할 수 있습니다.

"사람이 많음이여, 판결(decision) 골짜기에 사람이 많음이여……."(욜 3:14)

사실상 우리는 사람들이 실제로 두 가지 종류의 선택을 다 한다는 사실과, 양육 환경과 바른 선택 사이에는 일관된 상호 관계가 없다는 사실을 알고 있습니다. 기독교 가정에서 양육받은 사람은 전부 기독교적인 선택을 하고, 기독교 가정에서 양육받지 못한 사람은 전부 비기독교적인 선택을 하는 그런 깔끔한 관계는 성립되지 않습니다.

자녀가 청소년기로 접어드는 시기에는 부모가 기독교 교리 중에서도 이 항목을 잘 살펴보는 것이 중요합니다. 그 어느 때도(혹 자녀들이 유아였을 때를 제외할 수 있을지 모르겠으나), 이 시기만큼이나 부모가 많은 책임감을 느끼는 동시에 매우 무기력하고 통제가 되지 않는 때는 없었습니다. 이 시기에 부모들은 자녀가 자신의 가르침에서 벗어나는 행동을 하면 그것이 무엇이든지 전부 다 자신이 부모로서 실패한 증거라고 해석하기 쉽습니다. '우리가 10년 전에 뭔가 다르게 했더라면 지금 우리 아이가 이런 행동을 하지 않을지도 모르는데……' 라고 생각하는 것입니다.

청소년들은 선택을 가지고 실험을 하는 사람들입니다(이것은 거의 청소년에 대한 정의라고 할 수 있을 것입니다). 자신의 의지력을 움직여서 이것에 대해서는 "예" 하고 저것에 대해서는 "아니오" 하는 그 의미를 찾아보면서, 스스로 선택한다는 것이 어떤 느낌인지를 느껴 보는 것입니다. 그런데 부모가 청소년을 성숙하게 하는 선택의 능력을 그들 스스로 발휘하도록 배려하는 동시에, 부모로서 자신이 이미 입증한 것과 일치되는 선택을 하라고 주장할 수는 없습니다. 부모가 그 두 가지를 다 가질 수는 없는 것입니다.

청소년들이 풋내기 의지를 가지고 하는 실험은, 대부분 '기호'(taste)와 '외모'의 문제를 포함하고 있을 것입니다. 이러한 문제들은 때로 집안에서 한바탕 난리를 피우며 소란을 일으키기도 하지만, 그리 심각한 결과를 낳지는 않습니다. 적당한 호의와 유머 감각이 있으면 별 문제 없이 지나갑니다.

그러나 십대들은 때로 자신을 심각한 어려움에 빠뜨리는 선택들을 합니다. 성(性)에 대한 잘못된 결정은 예상치 못한, 그리고 원하지도 않는 임신을 부를 수도 있습니다. 운전에 대한 성의 없는 결정은 누군가가 심각하게 다치거나 죽게 되는 사고로 이어질 수도 있습니다. 마약에 대한 혼란스러운 결정은 결국 체포, 법정, 그리고 감옥으로 끝이 날 수 있습니다.

청소년기는 극단의 시기입니다. 최고의 모습으로까지 치솟을 때가 있는가 하면, 최악의 모습으로 곤두박질칠 때도 있습니다. 이렇게 오르고 내리고 하는 굴곡은 대개 상상과 감정의 세계에 국한되어 있지만, 가끔씩 실제 행동으로 나타나기도 합니다. 그리고 그럴 때는 문제가 생길 수 있습니다.

그들이 내린 결정이 비참하고 돌이킬 수 없을 것 같은 결과를 낳았을 때는, 대개 절망적인 결론이 뒤따릅니다.

"나를 절대 용서 안 하실 거예요!"

청소년은 자신이 부모의 기도의 산물일 뿐 아니라, 부모의 소망의 핵심이라는 사실을 압니다. 부모의 기도와 약속은 그들의 몸과 영혼을 향한 것이었습니다. 그런데 이제 자신의 잘못된 결정으로 부모의 기대가 무너지게 된다면, "……다 알고 있었는데, 어떻게 용서할 수 있겠습니까?"[32]

많은 부모들이, 아니 어쩌면 대다수 부모들이 이같은 질문에 직면하지 않아도 될지 모릅니다. 설령 그렇다 하더라도, 가능성은 언제든지 있습니다. 따라서 미리 계획하는 것이 지혜롭습니다. 모든 부모는 '최악'의 상황이 사실상 자기 가정에서 일어날 수도 있다는 가능성을 현실적으로 받아들여야 하며, 어떤 반응이 최선의 반응일지에 대해서도 생각하고 있어야 합니다.

'재난(catastrophe)은 은혜의 수단이 될 수 있다'[33]는 키에르케고르의 통찰력이 이럴 때 도움이 됩니다. 재난은 우리가 갖가지 외부의 유혹에 수동적으로 끌려 다니는 것을 그만두게 하시는 하나님의 도구일 수도 있습니다. 사람들이 때로 자기 자신으로 돌아와서, 자신 앞에 무엇이 있는지 마치 처음 보는 것처럼 바라보게 되는 것은 바로 재난의 은혜를 통해서입니다. 재난은 세찬 바람처럼 사물을 추상화시키는 이론과 이데올로기의 베일들을 날려 버리고 우리 자신의 주체적인 시각을 회복시킬 수 있습니다.

부모가 자신의 기준이 크게 손상당하는 일을 겪거나 가정사적인 재난을 만나는 위기에 처했을 때, 그에 대한 반응은 '묵인', '정죄', '용서' 이 세 방식 중 하나입니다. 앞의 두 경우는 흔히 나타나는 반응이지만, 가족 관계에는 매우 파괴적입니다. 세번째는 드물기는 하지만 놀랄 만큼 구속적입니다.

부모의 반응 중 하나는 그저 '묵인'하는 것입니다. 묵인하는 부모는 이렇게 생각합니다.

'내가 부모로서 좀더 잘 했더라면, 얘가 지금과 같이 곤란한 처지에 있지는 않을 거야. 그러니까 이것은 사실 내 탓이야. 지금 얘가 그런 일을 저질렀다고 얘를 거절할 권리가 나에게는 없어. 이 아이의 실패는 내 자신의 실패의 연장일 뿐이야. 아버지의 죄가 아들에게까지 이어지는 거지······.'

이러한 부모들은 위기를 쉽게 넘어가려고 합니다. 그리고 결과를 좋은 쪽으로만 돌리려고 합니다. 그들은 그 사건에 연루된 고통이나 벌이 무엇이건 아픈 것은 죄다 없애려고 합니다. 그들은 가능한 한 그러한 일이 일어나지 않았던 것처럼 행동합니다.

이러한 반응은 이해할 만하긴 하지만 잘못된 것입니다. 그것이 틀린 이유 중 하나는, 청소년에게 부과된 임무 중 하나가 자기 죄에 대해서 책임지는 법을 배우는 일이기 때문입니다. 남을 탓하거나 다른 사람에게 자신의 잘못을 투영하거나 변명을 하는 것이 아니라, 자신이 죄 가운데서 살아남아 의를 선택할 만큼 강하며 또 자신에게 그만한 가치가 있다는 사실을 발견해야 합니다.

그것이 틀린 또 다른 이유는, 그 전제가 불충분하다는 것입니다. 완벽한 부모는 없습니다. 가장 훌륭한 부모라 할지라도 자녀의 첫 12년 또는 13년 간의 삶 동안, 많은 해로운 실수들을 합니다. 모든 부모는 자녀의 죄와 무관하지 않습니다. 기독교의 가르침은 혼자서 사랑하는 사람도 없고 혼자서 죄짓는 사람도 없다고 항상 주장했습니다. 그리스도의 몸은 복잡하게 얽혀 상호 의존적이며, 심지어 죄의 경우에도 그렇습니다. 그리스도인들은 1세기에 갈보리에서 일어났던 일을 자기 자신의 책임으로 받아들이는 데까지 나아갑니다.

> 유죄 판결을 받은 사람은 누구였는가? 누가 당신에게 이런 일을 했단 말인가? 아아, 나의 반역죄, 예수님이 해결하셨도다.
> 나였습니다, 주 예수님. 당신을 부인한 사람은 나였습니다. 내가 당신을 십자가에 못박았습니다.[34]

어떤 잘못이 밝혀졌든 그에 대한 책임을 인정하지 않는 한, 묵인하는 것으로는 아무것도 개선하지 못합니다. "별 일 아니야"라고 말할 때, 사실상 우리는 "따지고 보면 그렇게 나쁜 일은 아니야. 그러니까 내 아이가 사람들이 생각하는 것처럼 그렇게 잘못한 것은 아니야. 그리고 잘못하지 않은 건 나도 마찬가지지" 하고 말하는 것입니다.

또 다른 반응은 '정죄' 하는 것입니다. 정죄는 범죄자를 거부하고 그들과 아무 상관도 하지 않으려는 것입니다. 이것이 가장 극적으로 나타나는 경우는, 이방인과 결혼한 자녀에 대해서 일부 유대인 가족이 행하는 장례 의식입니다. 그 이후로 그 자녀는 '죽은' 사람입니다. 더 이상의 관계나 대화도, 사랑이나 미움도, 칭찬이나 비난도 없을 것입니다. 완전한 정죄, 절대적인 분리입니다.

그리스도인들에게는 이러한 정죄의 행위를 장엄하게 행할 공식적인 종교 의식은 없지만, 그와 동일한 목적을 달성하는 감정적인 의식은 있습니다. 어떠한 방식으로든 자녀는 가족과 관계가 끊어지고 의절하게 됩니다. 정죄 이면에 있는 무언의 전제는, '부모의 역할은 관계가 아니라 계약'이라는 것입니다. 그러한 가정에 속한 자녀는 일정한 조건 아래 놓이게 됩니다. 만일 자녀가 그 조건을 지키지 않으면 부모에게는 더 이상 부모일 의무가 없어지는 것입니다.

묵인과 마찬가지로 정죄는 그 이면에 많은 죄책감이 쌓여 있습니다. 그러나 그것은 인식되지 않는 죄책감입니다. 청소년 자녀 때문에 부모 안에 있는 무책임함이나 죄성이 다른 사람들 앞에 공개되었을 때, 부모는 더 이상 그 문제에 직면하지 않기 위해 그것을 제거하고 싶어합니다. 그래서 자신의 무책임함이나 죄성의 책임을 자녀에게 전가한 후, 눈앞에서 자녀를 쫓아냄으로써 자신의 문제를 떨쳐 내려는 것입니다. 이처럼 정죄는 다른 사람의 죄를 기회 삼아서 자기 자신의 죄를 없애 버리거나 보고 싶지 않은 자신의 모습들을 제거해 버리는 행위입니다.

묵인은 감상적인 인본주의자의 방식입니다. 그들은 사람들이 자기가 저지른 행동의 결과로 고통받는 것을 차마 보지 못하고, 머큐로크롬 액과 반창고를 가지고 모든 일을 잘 되게 하고 싶어하는 사람입니다. 반면에 정죄는 복수심에 불타는 야만인의 방식입니다. 그들은 자기 자신과 직면하는 것을 참을 수 없어하고 불쾌한 것은 모두 없애 버림으로써 모든 일을 잘 되게 하고 싶어합니다.

묵인과 정죄는 모두 같은 이유에서 잘못되었습니다. 둘 다 상대방의 도덕적 품성과 자질을 심각하게 고려하지 않으며, 선택도 그의 몫이고 결과도 그의 몫이라는 사실을 받아들이려 하지 않습니다. 이러한 태도를 취하는 사람들은, 어린이를 단지 부모의 연장이 아닌 자체적인 권리를 가진 존재로서 받아들이려 하지 않으며, 하나님의 약속을 진지하게 받아들이려 하지 않습니다. 그뿐 아니라 악에서 선을 이끌어 내시고 고통에서 치유를, 혼란에서 평화를, 십자가에서 부활을 이끌어 내시는 하나님의 능력을 믿지 않으려 합니다. 결국 그들은 예수 그리스도를 믿지 않으려는 것입니다.

다윗 왕이 맏아들과 둘째아들의 범죄에 대해서 보인, 성경에 기록된 반응은 우리가 해서는 **안 되는** 것이 무엇인지 보여 주고 있습니다. 맏아들 암논이 그의 누이 다말을 강간했을 때, 다윗은 아무런 조처도 취하지 않았습니다.

"다윗 왕이 이 모든 일을 듣고 심히 노하였다. 그러나 암논이 장자라 그를 사랑하였기에 그에게 해가 될 만한 일은 아무것도 하지 않았다."(삼하 13:21 칠십인역)

'아무것도' 하지 않음으로써 다윗은 아들의 죄를 묵인했습니다. 다윗은 그 범죄의 심각성을 직시하려 하지 않았고, 정의를 내세우려 하지 않았으며, 아들의 잘못을 놓고 함께 괴로워하지 않았습니다.

그러나 둘째아들 압살롬이 그 스스로 정의를 행하여 암논을 죽이자 다윗은 정반대의 반응을 보였습니다. 이번에 다윗이 나타낸 반응은 정죄였습니다. 압살롬은 추방되어 3년 동안 유배지에 있었습니다. 친구의 중재로 다시 예루살렘에 돌아올 수 있었지만, 다윗은 여전히 압살롬과 이야기하려 하지 않았고 그를 보려고도 하지 않았습니다. 다윗은 압살롬을 완전히 거절했고 압살롬과의 관계를 전부 끊어 버렸습니다.

묵인과 정죄의 두 반응은 사실 서로 그리 다르지 않습니다. 다윗이라는 한 사람이 두 가지 반응을 다 나타낼 수 있었습니다. 이는 두번째 사건이 일어나기 전에 다윗의 성격이 변한 것이 아니라, 전에는 묵인했던 바로 그 다윗이 나중에는 정죄를 한 것입니다.

이 두 가지 반응은 모두 책임 있는 방법이나 인격적인 방법으로 사건을 다루지 않는다는 점에서 비슷합니다. 다윗이 한 번은 관대하게, 또 한 번은 가혹하게 자기의 두 아들을 다룬 태도의 밑바닥에는 일종의 비겁함이 깔려 있습니다. 결과적으로 만일 다윗이 암논과 압살롬의 위기를 이와는 달리 다루었더라면, 그 이후의 날들을 훨씬 더 편안하게 보냈을 것이라고 추측할 수밖에 없습니다.

암논이 다말을 강간하고 압살롬이 암논을 죽이는 것을 막기 위해 다윗이 할 수 있는 일이 있었는지는 우리도 모릅니다. 우리가 모르는 것이 많기 때문에 막연한 추측은 부질없는 일일 수도 있습니다. 그러나 일단 범죄가 발생했다면, 다윗이 보여 준 반응과는 매우 다른 방식으로 반응할 수 있었다는 것은 압니다. 그것은 바로 용서의 길입니다.

용서는 묵인과 정죄의 중간 지점에 있는 것이 아닙니다. 너그러움과 가혹함 사이의 균형이 아닙니다. 약제사가 약을 섞듯, '용납' 두 알과 '처벌' 한 알을 섞어 놓은 것이 아닙니다. 용서는 완전히 다른 것입니다. 용서는, 진리를 침범하는 죄와 사랑을 파괴하는 죄와 소망을 좌절시키는 죄를 다루시는 하나님 자신의 방법을 우리에게 보여 주신 것입니다.

용서를 이해하려면, 그것이 곧 하나님께서 우리를 위해 예수 그리스도를 통하여 하신 일이라는 사실을 이해해야만 합니다. 용서는 인간의 행위가 아닙니다. 우리의 죄가 망가뜨린 것을 보수하기 위해서 우리가 취하는 행동이 아닙니다. 그것은 엉망이 된 우리의 죄를 다루시기 위해서 하나님이 취하시는 행동입니다. 우리가 그 행위에 그나마 참여하려면, 하나님이 예수 그리스도 안에서 하시는 일에 동참해야만 합니다.

용서의 행위는, 죄가 어떠한 것이건 그 죄를 받아들임으로써 시작됩니다. 용서는 죄를 못 본 체하지 않고 가리지도 않으며, 죄를 그냥 봐 주거나 완화시키지도, 죄에 대해서 변명하지도 않습니다. 용서는 죄를 직시하는 것입니다. 그리하여 죄의 결과를 받아들입니다. 죄로 인해 어떤 고통과 대가가, 어떤 귀찮은 일과 불편이 생길지라도 그 모두를 받아들이는 것입니다. 십자가가 죄의 결과를 받아들이는 엄청난 용서의 행위가 아니라면 도대체 무엇이었단 말입니까?

용서는 죄를 지은 사람을 용납(accepting)함으로써 시작됩니다. 용서는 그 사람에 대한 새로운 사랑의 운동을 적극적으로 일으킵니다. 용서는 그 사람을 사랑의 관계로 다시 받아들이면서 이렇게 말합니다.

"진정한 것은 **너**지 죄가 아니야. 너나 다른 누가 하는 어떤 일도 내게서 너를 분리하지 못해."

용서라는 단어는 그 동안 말만 많았고 제대로 실천되지 않았기 때문에 그 의미가 많이 희석되었습니다. 그 결과 다음과 같이 말하는 것 이상의 의미를 갖지 못하는 경우가 많습니다.

"이번에는 봐 주지. 신경 쓰지 않겠어. 하지만 다시는 그렇게 하지마."

어깨를 한 번 으쓱하는 몸짓에 해당하는 말이 되어 버린 것입니다. 그렇기 때문에 우리는 계속해서 신약성경으로 돌아가 이 단어를 새롭게 하고, 그 생명력과 힘과 능력과 다양한 용도를 발견해야 합니다. 또한 용서야말로 사람이 참여할 수 있는 가장 창조적인 행위라는 것을 깨달아야 합니다. 그리고 다른 무엇보다도 용서의 행위에서 새 생명이 많이 솟아난다는 사실을 알아야 하며, 용서의 행위에 참여하라는 부르심을 받은 부모는 문자 그대로 자신이 신과 같은 자리에 있는 것이라는 사실을 믿어야 합니다.

다음의 두 가지 사실을 기억할 때 부모는 용서할 수 있는 자리에 서게 됩니다. 하나는, '내가 양육하는 이 아이는 하나님의 자녀'라는 것입니다. 내가 이 아이를 사랑하기 전에 하나님이 먼저 사랑하셨고, 내가 이 세상을 떠나고 한참 세월이 흘러도 하나님은 계속해서 이 아이를 사랑하실 것입니다. 또 하나는, '아무리 죄가 파괴적이라 할지라도 하나님이 죄를 다루시는 방법은 용서'라는 것입니다. 하나님이 선택하신 방법을 우리가 고칠 수는 없을 것입니다.

하워드 클라인벨은 이렇게 말했습니다.

> 가정생활은 우리 문화 속에서 '친밀감의 언약'을 행할 수 있는 최상의 기회를 우리에게 제공해 준다. 따라서, 일상적인 가족 관계 안에 복음이 살아 있는 것이 중요하다.[35]

용서는, 청소년이 죄를 지은 사건을 성령께서 성숙한 사랑의 이야기로 만드시도록 길을 열어 줌으로써 나쁜 소식을 복된 소식으로 바꾸어 버리는 행위입니다.

성장을 위한 질문 Study Questions

1. 당신이 청소년이었을 때 연루되었던 '사건'들은 없습니까? 그때 어떤 점에서 당신의 부모님을 실망시켰다고 생각합니까? 부모님은 어떻게 반응하셨습니까?

2. 세상이 복잡해지면서 지혜는 줄어들었습니다. 사회가 더 복잡해진 동시에 지침들은 모호해졌습니다. 앞 세대들에게는, 무엇이 용납되고 무엇이 지혜로운지에 대한 일치된 여론이 있다는 이점이 있었습니다. 반면에 현 세대는 서로 상충되는 충고를 받으며, 서로 공통점이 하나도 없는 다양한 본보기들을 제공받습니다. 청소년들은 기계(대부분 자동차), 성, 놀이, 학교 교육, 진로에 대해서 꽤 노련한 결정들을 내리라는 요구를 받습니다. 어쩌면 그들이 그만큼 잘하고 있다는 사실이 놀라운 것인지도 모릅니다. 이 영역 중에서 어떤 것이 당신의 십대 자녀에게 가장 큰 위협이 되고 있다고 생각합니까?

3. 당신의 자녀가 내릴 수도 있는 지혜롭지 못하거나 이롭지 못한 결정에 대해서 당신이 가장 두려워하는 것은 무엇입니까? 당신은 어떤 결과들을 내다봅니까? 당신의 개인사(personal history)에는 어떤 영향을 미치리라고 생각합니까?

4. 불쾌한 위기의 사건에 반응하는 두 가지 일반적인 방법은 묵인 또는 정죄입니다. 당신은 어떤 쪽을 택할 확률이 높습니까? 용서는 이 두 가지와 어떤 면에서 다르다고 생각하십니까?

5. 마태복음 18장 21-22절을 읽으십시오.(224쪽에 성경 본문이 실려 있음-엮은이). 이 말씀이 당신의 가정에서는 어떻게 적용될 수 있습니까?

6. 로마서 8장 28-39절을 읽으십시오(225쪽에 성경 본문이 실려 있음-엮은이). 어떤 상황에 처해 있을 때 이 말씀이 큰 힘이 되리라고 생각합니까?

7. 당신이 용서를 받은 경험 중에서 가장 인상적인 것은 어떤 경우입니까? 당신이 다른 사람을 용서한 경험 중에서 가장 중요한 것은 어떤 경우입니까?

맺음말

성경을 연구하다 보면 퍽 놀라운 사실을 하나 발견하게 되는데, 그것은 모범적인 가정이 하나도 없다는 점입니다. 우리의 존경을 불러일으킬 정도로 대단하게 그려진 가정은 성경에 하나도 나오지 않습니다. 여러 가정의 이야기들이 있고, 가정생활을 언급한 부분도 상당히 많으며, 가정의 성장을 가르치기 위한 건전한 충고도 있지만, 누구나 경외감이나 질투심을 가지고 바라볼 모범이 되는 가정은 하나도 없습니다.

아담과 하와가 동산에서 쫓겨나자마자 자녀들이 싸우기 시작했습니다. 셈과 함과 야벳은 아버지가 술에 취해서 드러낸 수치를 가릴 방법을 고안해야만 했습니다. 야곱과 에서는 지독한 적수로서, 수세기 동안 고통스러운 열매를 맺게 될 불화의 씨앗을 뿌렸습니다. 요셉과 그의 형제들은 형제 간의 경쟁과 서투른 부모 노릇이라는 주제에 대한 변주(變奏)를 보여 주었습니다. 이새의 아들들은 조국을 섬기는 데는 용감하고 충성스러웠지만, 막내 남동생에 대해서는 변덕스럽고 잔인했습니다. 다윗은 아내나 자녀 두 가지 면에서 모두 불행했습니다. 그는 하나님의 마음에 합한 사람이었고 이스라엘의 위대한 왕이었지만, 자기 가정은 제대로 다스리지 못했습니다.

마가복음 3장에 나오는 장면은 예외적이라기보다는 전형적인 예로 다가옵니다. 예수님은 활발하게 병든 자를 고치시고, 곤경에 빠진 자를 위로하며 그들을 충족시켜 주고 계셨습니다. 예수님의 소명은 메시야였는데, 그의 어머니와 형제들은 그가 미쳤다는 확신을 가지고 밖에 서서 예수님을 집으로 데려가려 했습니다. 예수님의 가족은 예수님을 비판했고, 받아들이지 않았습니다. 그들은 오해했고, 납득하지 못했습니다.

성경의 자료들은 가정을, 미국 화가 노먼 락웰의 그림에 나오는 평범한 사람들처럼 추수감사절 날 칠면조 요리가 차려진 상에 둘러앉아 온 가족이 감사에 넘쳐서 희색이 만연해 있는 모습으로 그리고 있지 않습니다. 오히려 미국의 소설가 윌리엄 포크너의 '요크나파토파 카운티' 연작에 나오는 줄거리들처럼, 구원이 필요한 깨어진 관계의 연속으로 계속해서 그리고 있습니다.

이것은 적어도 자기 가정이 기독교 가정으로서 보여 주어야 하는 사랑스러움과 빛을 제대로 나타내지 못한다고 해서, 그 누구도 죄책의 짐을 질 필요는 없음을 의미합니다. 화목한 가정의 본보기가 성경에 없기 때문에(이 점에 대해 나는 항상 성령님께 감사합니다),

우리는 성경에 실제로 나와 **있는** 사실, 즉 믿음의 가정이자 그리스도 안에 있는 가정으로서 생명을 체험하는 새로운 공동체에 대한 약속에 자유롭게 주목할 수 있습니다. 함께하는 삶은 혈연으로 생성된 관계로 이루어져 있지 않고(어쨌거나 우리의 피로 생성된 관계는 아닙니다) 은혜로 생성된 관계로 이루어져 있습니다. 우리가 선하기 때문에 서로 화목하게 지내는 것이 아니라, 용서받았기 때문에 화목하게 지내는 것입니다.

성령님께서 창조하신 교회라고 불리는 이 새로운 공동체에서 사용하는, 관계를 설명하는 많은 단어들—형제, 자매, 아버지, 어머니—은, 우리에게 이미 익숙한 가족 관계에서 빌려온 것입니다. 그렇다면 새로운 공동체에 대한 메시지는 이 맥락 속에 있는 것 같습니다. 자신의 가정에서는 결코 자연스럽게 하지 못했던 것을, 이제는 새로운 공동체 속에서 초자연적으로 할 수 있게 된 것입니다.

에덴에서 잃어버렸던 모든 것을 겟세마네에서 다시 얻게 되었습니다. 그리스도의 십자가에서 배운 관계들, 그리고 사랑의 방법과 용서의 기술들은 우리가 간절히 바라던 바로 그 '형제'와 '자매'를 우리에게 줄 것이며, 우리가 갈망하던 바로 그 '아들'과 '딸'을 줄 것입니다. 그렇게 되면 믿음의 공동체에서 배운 것을, 아들과 딸과 아버지와 어머니가 있는 우리의 자연적 가정으로 다시 가져갈 수 있을 것입니다.

우리는 날마다 우리의 가정에 무슨 문제가 있다는 사실에 직면하게 됩니다. 자녀들은 싸우고 말다툼을 하고, 부모의 양육은 먹

혀들지 않습니다. 우리는 실패하게 되고 죄책감을 갖습니다. 물론 가정에 문제가 **있는 것**은 사실입니다. 그러나 그 문제는 우리가 역사의 장에 나타나기 이미 오래 전에 생긴 문제입니다.

불평하거나 죄책감을 느끼는 것은 쓸모 없는 짓입니다. 그러나 성령님께서 마련해 주신 새로운 기초 위에서 가정생활을 이끌어 나갈 수는 있습니다. 혈연 관계가 은혜의 관계로 변화됩니다. 성령님의 공동체인 교회에 기초가 되는 원리와 같은 원리에 의해, 우리의 자연적 가정은 깨닫게 되고 구원받게 됩니다.

그러나 이러한 성경적인 관점을 체득하는 것은 쉽지 않은 일입니다. 우리가 다른 사람들로부터 분리되어 자연적 가정의 구조 안에 갇혀 있을 때는 특히 더 어렵습니다. 바로 그런 이유 때문에 나는 가정생활이라는 형태를 통해 하나님의 약속과 선물을 배우면서 그 약속과 선물을 발견하고 취하는 일에 참여하는 그리스도인들의 모임인 '부모 연합'(parent coalitions)을 장려하는 것이 중요하다고 생각해 왔습니다.

찰스 윌리엄스는 이 시대에 다른 어느 그리스도인보다도, 그의 표현대로 하면 "대신해 주는 사랑"(substituted love, 이 말은 '만인제사장설'을 문학적으로 나타낸 표현 중 하나라고 할 수 있다. 제사장직은 중보자가 된다는 의미를 포함하고 있기 때문에 '모든 신자들의 제사장직'과 서로의 짐을 대신 져 준다는 의미의 '대신해 주는 사랑'은 같은 개념이다-옮긴이)의 중요성을 잘 보여 주었습니다. 윌리엄스가 자신의 소설과 시에서 보여 준 이 교리의 해석은 "서로의 짐을 지는 것"(갈 6:2)이 얼마나 필요하고 얼마나 매력적인지를 보여 주고 있습니다. 그는 가볍건 무겁건 간에 어려움에 직면한 그리스도인들은 서로 '(사랑의) 계약'에 들어가라고 초청하고 있습니다.

그는 '교환의 길'(The Way of Exchange)이라는 자신의 수필에서 이렇게 썼습니다.

'(사랑의) 계약'은, 소포 하나를 대신 들고 가 주는 것처럼 간단하고 효과적으로 어려운 일과 걱정거리와 곤궁의 고통을 떠맡기 위해서 할 수 있는 것이다. 작은 일부터 편리하게 시작하는 것이, 멀리서 비추는 대리만족적인 삶의 광채에 대해 꿈꾸는 것보다 낫다. 그러한 광채가 막상 자신의 것이 된다고 해서 그리 화려해 보이지도 않겠지만 말이다. 좀더 쉬운 곳에서 믿음의 실천을 시작하는 것이 가장 어려운 곳에서 실천하려고 하는 것보다 낫다. 그것이 실천될 수 있는 곳은 어디든지 있다.[36]

자녀가 청소년기를 지나는 동안, 많은 사람들이 특별히 부모로서의 짐을 부담스러워합니다. 그래서 나는 그 시기에 일어나는 일들 몇 가지를 설명하고 부모들이 함께 만나도록 초대해서 짐을 나누는 행위, 즉 '대신해 주는 사랑의 계약'을 시작할 수 있기를 바랐습니다. 두세 사람이(그리고 여덟이나 열 사람이) 주님의 이름으로 모인 곳에서, 우리는 정직한 토론과 진지한 성경 읽기와 신실한 기도를 통해서 교회라고 하는 하나님 가족의 내적 역동성을 배웠습니다. 때로는 우리 또한 경험과 훈련을 통해 더 잘 사랑하며 용서하게 됨으로써 우리 서로 간은 물론이고 우리의 아들 딸들과 함께 좀더 행복하게 살 수 있게 되었다는 것, 또 이런 일은 계속되면 될수록 더 좋다는 것을 발견하기도 했습니다.

구원의 에너지를 발산하는 것은 '에덴'에 뿌리를 두고 있는 제1공동체가 아니라, '오순절'에 기원을 두고 있는 이러한 제2공동체입니다. 그렇기 때문에 나는 부모와 청소년에 관련된 모든 문제를 믿음의 전제를 가지고 접근했습니다.

믿음을 발전시키는 장으로 가정을 사용하는 것이, 가정을 발전시키는 자원으로 믿음을 사용하는 것보다 더 중요하다고 나는 생각합니다. 우리가 단지 우리의 성공으로부터 가족이라는 우상을 하나 만드는 것일 뿐이라면, 가정을 개선한 것이 아무런 소용이 없을 것이기 때문입니다. 우리가 서로 사랑하기를 원하시는 주님은 우리에게 또한 엄한 경고도 하셨습니다.

"아비나 어미를 나보다 더 사랑하는 자는 내게 합당치 아니하고, 아들이나 딸을 나보다 더 사랑하는 자도 내게 합당치 아니하고."
(마 10:37)

부록
'부모 모임'을 만들려면

20년 동안 나는 교회의 부모들을 모아서 '부모 모임'에 참여하게 하고, 내가 이 책에서 쓴 주제들에 대해서 서로를 격려하게 했습니다. '청소년으로서 성장하는 것'과 '그리스도 안에서 성장하는 것' 사이의 연계에 대한 많은 통찰들은 이 부모들로부터 얻은 것입니다. 나는 우리가 함께 배우고 실천한 내용을 여기에 썼습니다.

내가 이런 일을 한 데에는 '만인제사장설'이라는 교리가 전제되어 있습니다. 그리스도인들은 이 교리에 따라 각자 다른 사람에게 제사장의 역할을 하는 길과, 반대로 상대방으로 하여금 제사장 역할을 하게 하는 길을 발견합니다. 누군가가 나서서 부모들에게 청소년기의 신비에 대해 지도해 줄 전문가 역할을 자처한다면, 공동체는 있을 수 없으며 '강의실'만 있게 될 것입니다. 또한 부모들이 전문가의 구조를 기다리는 피해자 역할을 자처한다면, 공동체는 있을 수 없으며 '응급실'만 있게 될 것입니다.

그러나 부모들과 목회자들, 그리고 청소년에 대해서 책임을 지고 있는 사람들이 함께 모여서 자신의 고민과 통찰, 관심과 강점들을 나눈다면, 그들은 공동체가 될 수 있으며, "그리스도 예수 안에서 함께 후사가 되고 함께 지체가 되고 함께 약속에 참예하는 자"(엡 3:6)가 될 것입니다. 그리스도인들이 강하고 능력 있게 자랄 수 있는 정상적인 길은 바로 이러한 공동체 안에 있습니다.

성경의 기록에 비추어 볼 때, 하나님은 인생의 문제를 그리스도인들이 혼자서 다루기를 원하지 않으셨습니다. 우리는 "서로 지체가" 되기 때문입니다. 그리스도인 부모들은 같은 종류의 책임을 공유하고 같은 종류의 은혜를 믿는 사람들과 함께 공동체 안에 있을 때 성장할 수 있습니다. 가정에서 청소년을 완벽하게 다루지 못하는 사람이 자기가 처음이 아니며 자기만 그런 것도 아니라는 사실을 발견하게 됩니다. 부모들의 모임은 다른 가정의 강점과 약점 모두를 보게 하며, 청소년기 자녀들로 인해 생기는 스트레스를 겪는 시기에 회원들끼리 서로 연락할 수 있게 해 줍니다.

부모와 목회자, 그리고 그 외에 십대를 다루는 어른들은 이 사역에서 자연스럽게 동지가 되며 기회가 주어지는 대로 서로에 대해 제사장의 역할을 하는 법을 빠르게 배웁니다. 그들이 자신의 필요와 강점들을 나눌 때, 그들은 혼자 할 때보다 훨씬 더 강력한 사역을 할 수 있는 '동맹체'를 형성하게 됩니다.

부모들은 보통 자신을 사역에 참여하는 자들로 생각하지 않으며, 다른 사람에게 무언가 줄 것이 있다고 생각하지 않습니다. 그들은 자신을 패배자라고 생각합니다. 그들은 좌절감을 느끼고 있고 당황하고 있으며, 자기들 스스로 아들이나 딸에게 할 수 없다고 생각하는 그것을 하기 위해 도움을 얻으려고 전문가를 의지합니다. 만약 모임을 인도하는 사람들이 단지 부모들의 요청만 받아들인다면 몇 가지 증상들을 완화시킬 수 있을지는 모르나 그 필요는 거의 건드리지 못할 것입니다. 그 필요는 바로 부모들과 함께 사역을 공유하는 것입니다. 그 사역은 청소년의 인격 속에서 형성되고 있는 동시에 부모 속에서 싹트고 있는 새 생명을 양육할 수 있는 사역입니다.

부모 모임을 만드는 절차와 형식과 관련하여, 내가 밟아 가는 순서는 이렇습니다. 편지나 개인적인 방문을 통해 내 교구에 있는 청소년 자녀를 둔 부모에게 10회 동안 만나게 될 작은 모임의 회원이 되어 달라고 초청합니다. 모임의 목적은 부모의 임무—내가 보기에 그들 인생의 현 시점에서 종전보다 좀더 많은 것이 요구되는 임무—와 관련해서 우리 기독교 공동체가 가지고 있는 자원들을 모으고 그 자원의 초점을 잡는 것이라고 알립니다.

나는 이 모임이 더 좋은 부모가 되는 방법에 대해서 가르치는 강의 시리즈가 아니라, 하나의 그룹, 즉 하나님을 믿는 사람들의 모임임을 분명히 합니다. 아울러 그 모임 안에서 청소년기에 대해 부모로서 공통된 체험을 하고 있는 믿음의 형제 자매들끼리 서로의 강점과 약점, 통찰과 필요를 나누게 될 것이라는 점을 분명히 합니다.

다음에는, 그룹이 모인 첫 시간에 앞으로 얼마나 자주, 언제, 그리고 어디에서 모일 것인지를 그들이 정하도록 합니다. 그리고 나서 다음의 기본 원칙들을 같이 살펴봅니다.

1. 정해진 시간에 시작하고 마친다

토론이 아무리 잘 되고 있다 하더라도 마치겠다고 한 시간에 마쳐야 합니다. 다음에 또 시간이 있기 때문입니다. 밤늦게까지 하는 자유토론은 다음 날 출근하지 않아도 되는 사람들에게나 적합한 것입니다.

2. 지배하지 않는다

어떤 사람들은 스스로 조심하지 않으면 그룹 전체를 장악합니다. 당신에게 이러한 성향이 있다면 스스로를 훈련시켜야 합니다. 항상 자신의 의견만 내놓는 대신 그룹에서 말이 없는 사람들에게 질문을 해서 그들이 더 많이 참여하도록 이끌어야 합니다.

3. 모임을 진지하게 여긴다

이 모임에 우선순위를 두어야 합니다. 아플 때를 제외하고는 이 모임에 빠지지 않도록 하십시오. 간헐적인 참석은 모임을 약화시킵니다. 각 사람이 이 모임을 구성하는 부분이기 때문에 당신이 없이는 모임이 제대로 되지 않을 것입니다.

4. 뒷말하지 않는다

이 모임에서 일어나는 일은 모임 안에만 제한되어야 합니다. 차 마시며 이웃과 잡담할 이야깃거리가 아닙니다. 이 모임은 교회 안에 있는 하나님의 백성의 확장이며, 그 속에서 함께 신뢰와 기도의 영으로 그리스도 안에서 자기 삶의 중요한 면들을 나누고 있는 것입니다.

5. 주님을 진지하게 여긴다

하나님은 당신과 당신의 자녀에 대해서 당신보다 더 많은 관심을 가지고 계십니다. 하나님이 예수 그리스도 안에서 주시는 힘에 자신을 열도록 하십시오. 모임을 할 때마다, 시작하면서건 마치면서건, 기도로 이러한 열린 마음을 하나님께 표현할 수 있는 시간을 따로 떼어 놓으십시오.

'부모 모임'의 지도를 위한 자료가 되는 이 책은 다음의 형식을 가지고 있습니다.

첫째, **주제**를 나타내는 진술이 있습니다(이는 각 장의 첫번째 문단입니다). 나는 그 진술을 읽거나 때로 간단하게 요약해서 설명함으로써 모임을 시작합니다. 각 장의 마지막에 나오는 **질문들**은 그룹 토의와 의견 교환으로 이어집니다. 부모들이 가장 중요한 내용을 제공해 줄 것입니다. 이렇게 서로에 대해서 나누고 교류하는 가운데 성장이 있게 됩니다.

각 장의 몸체를 이루는 **설명**은 내가 이끈 모임들에서 나온 대화와 생각들을 합쳐 놓은 것입니다. 이것은 전달해야 하는 강의가 아닙니다. 오히려 그룹의 리더이자 참여자로서 내가 필요할 때 쓸 수 있도록 머리 속에 담고 있어서 유용했던 것들입니다.

어떤 때는 그 내용을 아주 조금만 이야기합니다. 또 어떤 때는 좀더 많은 것을 이야기합니다. 그러나 어느 때건 전부 다 이야기한 적은 없습니다. 각 장의 설명들은 많은 모임을 통해서 여러 부모들에게서 나온 대화와 통찰들을 모은 것입니다. 나는 그 자료를 내 생각 속에 비축해 놓았다가 토론의 방향을 이끌고 관점을 제시해 줄 때 언제든지 쓸 수 있도록 하고 있습니다.

물론 이 자료를 '핵' 가족 내에서 개인적으로 활용함으로써, 어른인 부모와 청소년인 자녀들의 상호 교류를 통해 서로의 성장을 도모할 수도 있습니다. 사실상 이 책에 나오는 통찰과 대화들 중에는 다른 부모들의 도움 없이 우리 가정에서 일어난 일들만을 가지고 정리한 것도 많습니다. 그러나 그만한 노력의 가치가 있는 만큼, 나는 여전히 좀더 성경적인 방법에 따라 토론을 확대하여 그리스도 안에서 형제요 자매인 다른 부모들을 포함시키는 것이 더 좋다고 생각합니다.

주(註)

1. C. S. Lewis, *Letters to an American Lady* (Grand Rapids, Mich.: William B. Eerdmans), 1967, p.44.
2. *The New Oxford Book of English Verse*, ed. Helen Gardner, (New York: Oxford University Press, 1972), p.930
3. 이 책 207쪽에 나오는 '부록'을 보면 이러한 성장을 함께 탐구하는 부모들의 모임을 교회 안에서 만드는 데 필요한 지침들이 나와 있다.
4. John Henry Newman, *An Essay on the Development of Christian Doctrine* (Garden City, N.Y.: Doubleday Image Book, 1960), p.63
5. Thornton Wilder, *The Eighth Day* (New York: Harper and Row, 1967), pp.297-298
6. W. B. Yeats, "A Dialogue of Self and Soul," *Collected Poems* (New York: The Macmillan Co., 1959), p.230
7. Eugen Rosenstock-Huessy, *I Am an Impure Thinker* (Norwich, Vt.: Argo Books, 1980), pp.41-42
8. Erik Erikson, *Insight and Responsibility* (New York: W. W. Norton & Co., 1964), p.90
9. George Eliot, *Middlemarch*, Book Ⅱ, Chapter 18.
10. John Updike, *Museums and Women and Other Stories* (New York: Alfred A. Knopf, 1972), p.80
11. Erik Erikson, *Young Man Luther* (New York: W. W. Norton & Co., 1958), pp.69-70
12. Lionel Whiston, *Are you Fun to Live With?* (Waco, Tex.: Word Books, 1963), p.50
13. John Henry Newman, *An Essay on the Development of Christian Doctrine*, p.223
14. Lewis Mumford, *Technics and Human Development* (New York: Harcourt, Brace and Jovanovich, Inc., 1967), p.13

15. Howard Clinebell, *Basic Types of Pastoral Counseling* (Nashville: Abingdon Press, 1966), p.97
16. C. S. Lewis, *The Four Loves* (London: Geoffrey Bles, 1960), p.43
17. Leon Bloy, quoted in M.C. D' Arcy, *The Mind and Heart of Love* (New York: Meridian Books, 1956), p.195
18. Ulrich Wilckens, *Theological Dictionary of the New Testament*, ed. Gerhard Friedrich (Grand Rapids, Mich.: William B. Eerdmans, 1972), Vol. Ⅷ, pp.559-560
19. Murray Kempton, quoted by Garry Wills, *Nixon Agonistes* (New York: Houghton Mifflin Co., 1970), p.601
20. Jürgen Moltmann, *Theology of Hope* (London: SCM Press, 1967), p.21
21. John R. Seeley, *The Americanization of the Unconscious* (New York: International Science Press, 1967), p.396
22. Moltmann, *op. cit.*, p.198
23. Mircea Eliade, *Rites and Symbols of Initiation* (New York: Harper and Row, 1958), p.42
24. Max Lerner, *America as a Civilization* (New York: Simon and Schuster, 1957), pp.867-868
25. Ibid., p.96
26. Ernest T. Campbell, "Can Day Be Dying in the West?," *Perspective*, November 1993, 8.
27. The National Association of Parents for Drug-Free Youth 는 수신자부담 전화 (800)554-KIDS를 설치해서 치료 전략을 세우는 데 도움을 주고 있다. Alcoholics Anonymous와 Narcotics Anonymous의 지부에 대한 정보는, Alcoholics Anonymous, PO Box 459, Grand Central Station, New York, NY 10163; 그리고 Alateen, PO Box 182, Madison Square Garden, New York, NY 10159-0182, (212)254-7230에서 얻을 수 있다. Will Rogers Institute에는 정신에 영향을 미치는 약물의 효능과 구성, 그것을 사용하는 동기, 그리고 그 결과에 대한 소책자 시리즈가 있다. 이 책들은 무료이며, Will Rogers Institute, 785

Mamaroneck Avenue, White Plains, NY 10605, (914)761-5550에서 구할 수 있다.
28. 올더스 헉슬리(Aldous Huxley)의 책들, *The Doors of Perception*과 *Heaven and Hell* (Harper Colophon Books)은 마약의 '영성'에 대해서 그가 했던 실험을 설명하고 있다.
29. 제럴드 메이(Gerald May)는 *Addiction and Grace* (San Francisco: Harper Collins, 1990)에서 중독의 사이비 영성에 대해서 광범위한 고찰을 하고 있다.
30. 제임스 휴스턴(James Houston)은 *The Heart's Desire* (Batavia, Ill.: Lion Publishing, 1992)라고 하는 그의 책에서 중독의 영적인 성질에 대해서 철저하게 분석을 해 놓았다. 특히 3장의 '누가 중독자인가?' (Who Are the Addicts?)를 보라.
31. 장로교와 개혁 교회에서 청소년 교육에 사용하는 주된 도구인 웨스트민스터 소요리 문답의 첫번째 질문은 "인간의 최고 목적은 무엇입니까?"이다. 그리고 그 대답은 "인간의 최고 목적은 하나님을 영화롭게 하고 영원히 하나님을 즐거워하는 것입니다"이다.
32. T. S. Eliot, "Gerontion," *Collected Poems 1909-1962* (New York: Harcourt, Barce and World, 1963), p.30
33. 루이스 J. 테일러 주니어(Lewis Jerome Taylor, Jr.)가 "Walker Percy and the Self," *Commonweal* (May 10, 1974), p.234에서 인용한 죄렌 키에르케고르의 말이다.
34. Johann Heerman, trans. Robert Bridges, *The Hymnal* (Philadelphia: Presbyterian Board of Christian Education, 1933), p.158
35. Clinebell, *Basic Types of Pastoral Counseling*, p.98
36. Charles Williams, *Selected Writings* (London: Oxford University Press, 1961), p.128

성경 본문

❷ "내 마음대로 옷 좀 입게 내버려 두세요!"

사무엘상 3장

아이 사무엘이 엘리 앞에서 여호와를 섬길 때에는 여호와의 말씀이 희귀하여 이상이 흔히 보이지 않았더라 엘리의 눈이 점점 어두워가서 잘 보지 못하는 그 때에 그가 자기 처소에 누웠고 하나님의 등불은 아직 꺼지지 아니하였으며 사무엘은 하나님의 궤 있는 여호와의 전 안에 누웠더니 여호와께서 사무엘을 부르시는지라 그가 대답하되 내가 여기 있나이다 하고 엘리에게로 달려가서 가로되 당신이 나를 부르셨기로 내가 여기 있나이다 가로되 나는 부르지 아니하였으니 다시 누우라 그가 가서 누웠더니 여호와께서 다시 사무엘을 부르시는지라 사무엘이 일어나서 엘리에게로 가서 가로되 당신이 나를 부르셨기로 내가 여기 있나이다 대답하되 내 아들아 내가 부르지 아니하였으니 다시 누우라 하니라 사무엘이 아직 여호와를 알지 못하고 여호와의 말씀도 아직 그에게 나타나지 아니한 때라 여호와께서 세번째 사무엘을 부르시는지라 그가 일어나서 엘리에게로 가서 가로되 당신이 나를 부르셨기로 내가 여기 있나이다 엘리가 여호와께서 이 아이를 부르신 줄을 깨닫고 이에 사무엘에게 이르되 가서 누웠다가 그가 너를 부르시거든 네가 말하기를 여호와여 말씀하옵소서 주의 종이 듣겠나이다 하라 이에 사무엘이 가서 자기 처소에 누우니라

여호와께서 임하여 서서 전과 같이 사무엘아 사무엘아 부르시는지라 사무엘이 가로되 말씀하옵소서 주의 종이 듣겠나이다 여호와께서 사무엘에게 이르시되 보라 내가 이스라엘 중에 한 일을 행하리니 그것을 듣는 자마다 두 귀가 울리리라 내가 엘리의 집에 대하여

말한 것을 처음부터 끝까지 그 날에 그에게 다 이루리라 내가 그 집을 영영토록 심판하겠다고 그에게 이른 것은 그의 아는 죄악을 인함이니 이는 그가 자기 아들들이 저주를 자청하되 금하지 아니하였음이니라 그러므로 내가 엘리의 집에 대하여 맹세하기를 엘리 집의 죄악은 제물이나 예물로나 영영히 속함을 얻지 못하리라 하였노라 사무엘이 아침까지 누웠다가 여호와의 집 문을 열었으나 그 이상을 엘리에게 알게 하기를 두려워하더니 엘리가 사무엘을 불러 가로되 내 아들 사무엘아 하니 대답하되 내가 여기 있나이다 가로되 네게 무엇을 말씀하셨느냐 청하노니 내게 숨기지 말라 네게 말씀하신 모든 것을 하나라도 숨기면 하나님이 네게 벌을 내리시고 또 내리시기를 원하노라 사무엘이 세세히 말하고 조금도 숨기지 아니하니 그가 가로되 이는 여호와시니 선하신 소견대로 하실것이니라 하니라 사무엘이 자라매 여호와께서 그와 함께 계셔서 그 말로 하나도 땅에 떨어지지 않게 하시니 단에서부터 브엘세바까지의 온 이스라엘이 사무엘은 여호와의 선지자로 세우심을 입은 줄을 알았더라 여호와께서 실로에서 다시 나타나시되 여호와께서 실로에서 여호와의 말씀으로 사무엘에게 자기를 나타내시니

❹ "강요하지 마세요!"

누가복음 2:41-51

그 부모가 해마다 유월절을 당하면 예루살렘으로 가더니 예수께서 열두 살 될 때에 저희가 이 절기의 전례를 좇아 올라갔다가 그 날들을 마치고 돌아갈 때에 아이 예수는 예루살렘에 머무셨더라 그 부모는 이를 알지 못하고 동행 중에 있는 줄로 생각하고 하룻길을 간 후 친족과 아는 자 중에서 찾되 만나지 못하매 찾으면서 예루살렘에 돌아갔더니 사흘 후에 성전에서 만난즉 그가 선생들 중에 앉으사 저희에게 듣기도 하시며 묻기도 하시니 듣는 자가 다 그 지혜와 대답을 기이히 여기더라

그 부모가 보고 놀라며 그 모친은 가로되 아이야 어찌하여 우리에게 이렇게 하였느냐 보라 네 아버지와 내가 근심하여 너를 찾았노라 예수께서 가라사대 어찌하여 나를 찾으셨나이까 내가 내 아버지 집에 있어야 될 줄을 알지 못하셨나이까 하시니 양친이 그 하신 말씀을 깨닫지 못하더라 예수께서 한가지로 내려가사 나사렛에 이르러 순종하여 받드시더라 그 모친은 이 모든 말을 마음에 두니라

❻ "왜 날 항상 못 믿는 거예요!"

시편 91편

지존자의 은밀한 곳에 거하는 자는 전능하신 자의 그늘 아래 거하리로다 내가 여호와를 가리켜 말하기를 저는 나의 피난처요 나의 요새요 나의 의뢰하는 하나님이라 하리니 이는 저가 너를 새 사냥꾼의 올무에서와 극한 염병에서 건지실 것임이로다 저가 너를 그 깃으로 덮으시리니 네가 그 날개 아래 피하리로다 그의 진실함은 방패와 손 방패가 되나니 너는 밤에 놀램과 낮에 흐르는 살과 흑암 중에 행하는 염병과 백주에 황폐케 하는 파멸을 두려워 아니하리로다 천인이 네 곁에서, 만인이 네 우편에서 엎드러지나 이 재앙이 네게 가까이 못하리로다 오직 너는 목도하리니 악인의 보응이 네게 보이리로다 네가 말하기를 여호와는 나의 피난처시라 하고 지존자로 거처를 삼았으므로 화가 네게 미치지 못하며 재앙이 네 장막에 가까이 오지 못하리니 저가 너를 위하여 그 사자들을 명하사 네 모든 길에 너를 지키게 하심이라 저희가 그 손으로 너를 붙들어 발이 돌에 부딪히지 않게 하리로다 네가 사자와 독사를 밟으며 젊은 사자와 뱀을 발로 누르리로다 하나님이 가라사대 저가 나를 사랑한즉 내가 저를 건지리라 저가 내 이름을 안즉 내가 저를 높이리라 저가 내게 간구하리니 내가 응답하리라 저희 환난 때에 내가 저와 함께하여 저를 건지고 영화롭게 하리라 내가 장수함으로 저를 만족케 하며 나의 구원으로 보이리라 하시도다

❼ "날 사랑한다면, 허락해 주셨을 거예요!"
고린도전서 13장

내가 사람의 방언과 천사의 말을 할찌라도 사랑이 없으면 소리나는 구리와 울리는 꽹과리가 되고 내가 예언하는 능이 있어 모든 비밀과 모든 지식을 알고 또 산을 옮길만한 모든 믿음이 있을찌라도 사랑이 없으면 내가 아무 것도 아니요 내가 내게 있는 모든 것으로 구제하고 또 내 몸을 불사르게 내어 줄찌라도 사랑이 없으면 내게 아무 유익이 없느니라 사랑은 오래 참고 사랑은 온유하며 투기하는 자가 되지 아니하며 사랑은 자랑하지 아니하며 교만하지 아니하며 무례히 행치 아니하며 자기의 유익을 구치 아니하며 성내지 아니하며 악한 것을 생각지 아니하며 불의를 기뻐하지 아니하며 진리와 함께 기뻐하고 모든 것을 참으며 모든 것을 믿으며 모든 것을 바라며 모든 것을 견디느니라 사랑은 언제까지든지 떨어지지 아니하나 예언도 폐하고 방언도 그치고 지식도 폐하리라 우리가 부분적으로 알고 부분적으로 예언하니 온전한 것이 올 때에는 부분적으로 하던 것이 폐하리라 내가 어렸을 때에는 말하는 것이 어린아이와 같고 깨닫는 것이 어린아이와 같고 생각하는 것이 어린아이와 같다가 장성한 사람이 되어서는 어린아이의 일을 버렸노라 우리가 이제는 거울로 보는 것 같이 희미하나 그 때에는 얼굴과 얼굴을 대하여 볼 것이요 이제는 내가 부분적으로 아나 그 때에는 주께서 나를 아신 것 같이 내가 온전히 알리라 그런즉 믿음, 소망, 사랑, 이 세 가지는 항상 있을 것인데 그 중에 제일은 사랑이라

❽ "엄마 아빤 위선자예요!"
마태복음 23장

이에 예수께서 무리와 제자들에게 말씀하여 가라사대 서기관들과 바리새인들이 모세의 자리에 앉았으니 그러므로 무엇이든지 저희의 말하는 바는 행하고 지키되 저희의 하는 행위는 본받지 말라 저희

는 말만 하고 행치 아니하며 또 무거운 짐을 묶어 사람의 어깨에 지우되 자기는 이것을 한 손가락으로도 움직이려 하지 아니하며 저희 모든 행위를 사람에게 보이고자 하여 하나니 곧 그 차는 경문을 넓게 하며 옷술을 크게 하고 잔치의 상석과 회당의 상좌와 시장에서 문안 받는 것과 사람에게 랍비라 칭함을 받는 것을 좋아하느니라 그러나 너희는 랍비라 칭함을 받지 말라 너희 선생은 하나이요 너희는 다 형제니라 땅에 있는 자를 아비라 하지 말라 너희 아버지는 하나이시니 곧 하늘에 계신 자시니라 또한 지도자라 칭함을 받지 말라 너희 지도자는 하나이니 곧 그리스도니라 너희 중에 큰 자는 너희를 섬기는 자가 되어야 하리라 누구든지 자기를 높이는 자는 낮아지고 누구든지 자기를 낮추는 자는 높아지리라

화 있을찐저 외식하는 서기관들과 바리새인들이여 너희는 천국 문을 사람들 앞에서 닫고 너희도 들어가지 않고 들어가려 하는 자도 들어가지 못하게 하는도다 (14 없음)

화 있을찐저 외식하는 서기관들과 바리새인들이여 너희는 교인 하나를 얻기 위하여 바다와 육지를 두루 다니다가 생기면 너희보다 배나 더 지옥 자식이 되게 하는도다

화 있을찐저 소경된 인도자여 너희가 말하되 누구든지 성전으로 맹세하면 아무 일 없거니와 성전의 금으로 맹세하면 지킬찌라 하는도다 우맹이요 소경들이여 어느 것이 크뇨 그 금이냐 금을 거룩하게 하는 성전이냐 너희가 또 이르되 누구든지 제단으로 맹세하면 아무 일 없거니와 그 위에 있는 예물로 맹세하면 지킬찌라 하는도다 소경들이여 어느 것이 크뇨 그 예물이냐 예물을 거룩하게 하는 제단이냐 그러므로 제단으로 맹세하는 자는 제단과 그 위에 있는 모든 것으로 맹세함이요 또 성전으로 맹세하는 자는 성전과 그 안에 계신 이로 맹세함이요 또 하늘로 맹세하는 자는 하나님의 보좌와 그 위에 앉으신 이로 맹세함이니라

화 있을찐저 외식하는 서기관들과 바리새인들이여 너희가 박하와

회향과 근채의 십일조를 드리되 율법의 더 중한 바 의와 인과 신은
버렸도다 그러나 이것도 행하고 저것도 버리지 말아야 할찌니라 소
경된 인도자여 하루살이는 걸러 내고 약대는 삼키는도다
화 있을찐저 외식하는 서기관들과 바리새인들이여 잔과 대접의 겉
은 깨끗이 하되 그 안에는 탐욕과 방탕으로 가득하게 하는도다 소
경된 바리새인아 너는 먼저 안을 깨끗이 하라 그리하면 겉도 깨끗
하리라
화 있을찐저 외식하는 서기관들과 바리새인들이여 회칠한 무덤 같
으니 겉으로는 아름답게 보이나 그 안에는 죽은 사람의 뼈와 모든
더러운 것이 가득하도다 이와 같이 너희도 겉으로는 사람에게 옳게
보이되 안으로는 외식과 불법이 가득하도다
화 있을찐저 외식하는 서기관들과 바리새인들이여 너희는 선지자들
의 무덤을 쌓고 의인들의 비석을 꾸미며 가로되 만일 우리가 조상
때에 있었더면 우리는 저희가 선지자의 피를 흘리는 데 참예하지 아
니하였으리라 하니 그러면 너희가 선지자를 죽인 자의 자손 됨을 스
스로 증거함이로다 너희가 너희 조상의 양을 채우라 뱀들아 독사의
새끼들아 너희가 어떻게 지옥의 판결을 피하겠느냐 그러므로 내가
너희에게 선지자들과 지혜 있는 자들과 서기관들을 보내매 너희가
그 중에서 더러는 죽이고 십자가에 못 박고 그 중에 더러는 너희 회
당에서 채찍질하고 이 동네에서 저 동네로 구박하리라 그러므로 의
인 아벨의 피로부터 성전과 제단 사이에서 너희가 죽인 바라갸의 아
들 사가랴의 피까지 땅 위에서 흘린 의로운 피가 다 너희에게 돌아
가리라 내가 진실로 너희에게 이르노니 이것이 다 이 세대에게 돌
아가리라
예루살렘아 예루살렘아 선지자들을 죽이고 네게 파송된 자들을 돌
로 치는 자여 암탉이 그 새끼를 날개 아래 모음 같이 내가 네 자녀
를 모으려 한 일이 몇번이냐 그러나 너희가 원치 아니하였도다 보
라 너희 집이 황폐하여 버린 바 되리라 내가 너희에게 이르노니 이

제부터 너희는 찬송하리로다 주의 이름으로 오시는 이여 할 때까지 나를 보지 못하리라 하시니라

⓫ "나보고 이래라 저래라 하지 마세요!"

창세기 3장

여호와 하나님의 지으신 들짐승 중에 뱀이 가장 간교하더라 뱀이 여자에게 물어 가로되 하나님이 참으로 너희더러 동산 모든 나무의 실과를 먹지 말라 하시더냐 여자가 뱀에게 말하되 동산 나무의 실과를 우리가 먹을 수 있으나 동산 중앙에 있는 나무의 실과는 하나님의 말씀에 너희는 먹지도 말고 만지지도 말라 너희가 죽을까 하노라 하셨느니라 뱀이 여자에게 이르되 너희가 결코 죽지 아니하리라 너희가 그것을 먹는 날에는 너희 눈이 밝아 하나님과 같이 되어 선악을 알 줄을 하나님이 아심이니라 여자가 그 나무를 본즉 먹음직도 하고 보암직도 하고 지혜롭게 할 만큼 탐스럽기도 한 나무인지라 여자가 그 실과를 따먹고 자기와 함께한 남편에게도 주매 그도 먹은지라 이에 그들의 눈이 밝아 자기들의 몸이 벗은 줄을 알고 무화과나무 잎을 엮어 치마를 하였더라

그들이 날이 서늘할 때에 동산에 거니시는 여호와 하나님의 음성을 듣고 아담과 그 아내가 여호와 하나님의 낯을 피하여 동산 나무 사이에 숨은지라 여호와 하나님이 아담을 부르시며 그에게 이르시되 네가 어디 있느냐 가로되 내가 동산에서 하나님의 소리를 듣고 내가 벗었으므로 두려워하여 숨었나이다 가라사대 누가 너의 벗었음을 네게 고하였느냐 내가 너더러 먹지 말라 명한 그 나무 실과를 네가 먹었느냐 아담이 가로되 하나님이 주셔서 나와 함께하게 하신 여자 그가 그 나무 실과를 내게 주므로 내가 먹었나이다 여호와 하나님이 여자에게 이르시되 네가 어찌하여 이렇게 하였느냐 여자가 가로되 뱀이 나를 꾀므로 내가 먹었나이다 여호와 하나님이 뱀에게 이르시되 네가 이렇게 하였으니 네가 모든 육축과 들의 모든 짐승보

다 더욱 저주를 받아 배로 다니고 종신토록 흙을 먹을지니라 내가 너로 여자와 원수가 되게 하고 너의 후손도 여자의 후손과 원수가 되게 하리니 여자의 후손은 네 머리를 상하게 할 것이요 너는 그의 발꿈치를 상하게 할 것이니라 하시고 또 여자에게 이르시되 내가 네게 잉태하는 고통을 크게 더하리니 네가 수고하고 자식을 낳을 것이며 너는 남편을 사모하고 남편은 너를 다스릴 것이니라 하시고 아담에게 이르시되 네가 네 아내의 말을 듣고 내가 너더러 먹지 말라 한 나무 실과를 먹었은즉 땅은 너로 인하여 저주를 받고 너는 종신토록 수고하여야 그 소산을 먹으리라 땅이 네게 가시덤불과 엉겅퀴를 낼 것이라 너의 먹을 것은 밭의 채소인즉 네가 얼굴에 땀이 흘러야 식물을 먹고 필경은 흙으로 돌아가리니 그 속에서 네가 취함을 입었음이라 너는 흙이니 흙으로 돌아갈 것이니라 하시니라 아담이 그 아내를 하와라 이름하였으니 그는 모든 산 자의 어미가 됨이 더라 여호와 하나님이 아담과 그 아내를 위하여 가죽옷을 지어 입히시니라

여호와 하나님이 가라사대 보라 이 사람이 선악을 아는 일에 우리 중 하나 같이 되었으니 그가 그 손을 들어 생명나무 실과도 따먹고 영생할까 하노라 하시고 여호와 하나님이 에덴동산에서 그 사람을 내어 보내어 그의 근본된 토지를 갈게 하시니라 이같이 하나님이 그 사람을 쫓아 내시고 에덴동산 동편에 그룹들과 두루 도는 화염검을 두어 생명나무의 길을 지키게 하시니라

⓬ "나를 절대 용서 안 하실 거예요!"
마태복음 18:21, 22

그 때에 베드로가 나아와 가로되 주여 형제가 내게 죄를 범하면 몇번이나 용서하여 주리이까 일곱번까지 하오리이까 예수께서 가라사대 네게 이르노니 일곱번 뿐 아니라 일흔번씩 일곱번이라도 할지니라

로마서 8:28-39

우리가 알거니와 하나님을 사랑하는 자 곧 그 뜻대로 부르심을 입은 자들에게는 모든 것이 합력하여 선을 이루느니라 하나님이 미리 아신 자들로 또한 그 아들의 형상을 본받게 하기 위하여 미리 정하셨으니 이는 그로 많은 형제 중에서 맏아들이 되게 하려 하심이니라 또 미리 정하신 그들을 또한 부르시고 부르신 그들을 또한 의롭다 하시고 의롭다 하신 그들을 또한 영화롭게 하셨느니라
그런즉 이 일에 대하여 우리가 무슨 말 하리요 만일 하나님이 우리를 위하시면 누가 우리를 대적하리요 자기 아들을 아끼지 아니하시고 우리 모든 사람을 위하여 내어주신 이가 어찌 그 아들과 함께 모든 것을 우리에게 은사로 주지 아니하시겠느뇨 누가 능히 하나님의 택하신 자들을 송사하리요 의롭다 하신 이는 하나님이시니 누가 정죄하리요 죽으실 뿐 아니라 다시 살아나신 이는 그리스도 예수시니 그는 하나님 우편에 계신 자요 우리를 위하여 간구하시는 자시니라 누가 우리를 그리스도의 사랑에서 끊으리요 환난이나 곤고나 핍박이나 기근이나 적신이나 위험이나 칼이랴 기록된 바 우리가 종일 주를 위하여 죽임을 당케 되며 도살할 양 같이 여김을 받았나이다 함과 같으니라 그러나 이 모든 일에 우리를 사랑하시는 이로 말미암아 우리가 넉넉히 이기느니라 내가 확신하노니 사망이나 생명이나 천사들이나 권세자들이나 현재 일이나 장래 일이나 능력이나 높음이나 깊음이나 다른 아무 피조물이라도 우리를 우리 주 그리스도 예수 안에 있는 하나님의 사랑에서 끊을 수 없으리라

옮긴이 양혜원

1970년 생으로 서울대 불문과를 졸업하였다. 한국라브리(L'Abri) 협동간사로 6년 간 섬겼으며, 1994년부터 영어 통역과 번역 일을 하고 있다.
〈친구에게-우정으로 양육하는 편지〉, 〈대천덕 자서전-개척자의 길〉, 〈예수원 이야기-광야에 마련된 식탁〉, 〈인간의 종말〉, 〈C. S. 루이스의 기독교 세계〉, 〈복음의 다리 놓기〉 등을 옮겼고, 소책자로 〈그리스도인의 상식〉을 썼다.

거북한 십대, 거룩한 십대
Like Dew Your Youth

지은이 유진 피터슨
옮긴이 양혜원
펴낸곳 주식회사 홍성사
펴낸이 정애주
국효숙 김의연 박혜란 송민규 오민택 임영주 차길환

2000. 8. 7. 초판 발행   2025. 9. 1. 25쇄 발행

등록번호 제1-499호 1977. 8. 1.
주소 (04084) 서울시 마포구 양화진4길 3
전화 02) 333-5161   팩스 02) 333-5165
홈페이지 hongsungsa.com   이메일 hsbooks@hongsungsa.com
페이스북 facebook.com/hongsungsa
양화진책방 02) 333-5161

Like Dew Your Youth
Copyright ⓒ 1994 by Eugene H. Peterson.
Korean Translation Rights ⓒ 2000 by Hong Sung Sa, Ltd.
Korean translation rights arranged with Eugene & Janice
Peterson through Eric Yang Agency, Seoul.

ⓒ 홍성사, 2000

•잘못된 책은 바꿔 드립니다. •책값은 뒤표지에 있습니다.

ISBN 978-89-365-1417-4 (03230)